Louis Reybaud

Richard Cobden
et l'école
de Manchester

Essai

ISBN : 978-1545489970

10 9 8 7 6 5 4 3 2 1

Louis Reybaud

Richard Cobden et l'école de Manchester

Essai

Table de Matières

Introduction

L'Angleterre a donné récemment un spectacle auquel l'Europe n'était point accoutumée. On l'a vue assister, l'arme au bras, à une guerre que deux puissances de premier ordre avaient engagée sur le continent, échangeant des notes pendant qu'elles échangeaient des coups de canon. Elle a laissé s'accomplir des démembrements d'états, les uns lui agréant, les autres lui répugnant, sans s'y mêler autrement que par un consentement officieux ou de vaines remontrances. Des deux côtés du détroit, cette conduite a excité quelque surprise, elle a même provoqué le blâme. L'oubli, l'abandon des traditions étaient flagrants ; on a été jusqu'à parler de déchéance. Ce n'était plus, disait-on, la politique des Pitt et des Castlereagh, celle qui avait animé et soutenu les esprits dans de longues et pénibles luttes. Cette politique d'autrefois ne se fût point accommodée de ces compromis qui tournent les difficultés au lieu de les prendre de front, elle n'eût point cédé à cette inertie qui vise à l'habileté et côtoie la faiblesse ; elle eût été plus prompte à agir, plus ferme dans ses résolutions, plus déterminée à les faire prévaloir. Ainsi ont parlé des juges sévères.

D'où viennent donc ces accès d'indifférence de l'Angleterre après tant d'accès de vive susceptibilité ? D'où vient surtout que le pays s'y associe par une longanimité qui peut passer pour de la connivence ? S'il y a faute, où sont les coupables ? On a désigné les hommes de l'école de Manchester ; on a accusé leurs écrits, leurs actes, même leurs succès. En excitant outre mesure le sentiment de l'intérêt, ils auraient porté, assure-t-on, un préjudice irréparable aux sentiments d'un ordre supérieur ; ils auraient énervé et perverti les âmes. Cette langueur dans l'opinion, cette hésitation dans les desseins, c'est à leur influence qu'il faudrait les attribuer. Ils ont voulu soumettre au calcul des questions qu'on doit dégager de cet élément, sous peine de les voir se dénaturer et se réduire. Les comptes d'un grand état ne se règlent pas comme un inventaire de fabrique, où chaque objet ne vaut qu'en raison de ce qu'il coûte et de ce qu'il rend. Sans négliger sa richesse, un grand état est tenu de songer aussi à son honneur. Il a des devoirs de position, un nom à défendre, un rôle à jouer, une destination historique, des intérêts même dans le sens élevé du mot, tout ce qui fait le titre et la force d'une communauté, tout ce qui la classe, la distingue et lui assure le respect. La moindre défaillance dans cette mission est un commencement de déclin. Une nation qui s'efface prononce sa propre sentence, les pertes qu'elle a voulu éviter lui arrivent sous d'autres formes ; elle souffre dans ce qu'elle a cru le mieux garantir : la sécurité, qui est la compagne de la puissance, lui échappe insensiblement ; elle n'a plus au dehors la même importance et n'y montre plus le même orgueil ; le prestige est détruit, elle se sent diminuée.

Telle est l'accusation ; mais les hommes de l'école de Manchester ne sont point à court d'arguments. Quand ils se liguèrent il y a vingt ans contre la loi des céréales, ils savaient bien que le succès de leur réforme affecterait d'une manière profonde la politique de leur pays. Cette crise est arrivée, et ils persistent à la croire salutaire. Le sentiment de l'intérêt, dont ils s'appuyaient, n'est pas aussi vulgaire qu'on le dépeint et vise plus haut qu'on n'affecte de le dire, il n'est que l'instrument d'une pensée chrétienne et morale. Dans le développement des échanges, ils voyaient en première ligne l'union plus intime des peuples. Des rapports fréquents devaient amener entre eux de meilleurs procédés ; plus ils se connaîtraient, moins ils seraient enclins à s'aigrir et à rompre. Pour cette œuvre de conciliation, ni les classes dominantes, ni les gouvernements, n'ont l'esprit qui convient : on s'y fait un jeu du repos et des intérêts de la communauté ; c'était donc à la communauté qu'ils s'adressaient en l'invitant à résister au goût des aventures, familier aux classes dominantes et aux gouvernements. Que par suite les traditions en dussent recevoir un échec, que l'on fît moins de sacrifices à la fausse grandeur, aux surprises et aux calculs des partis, aux entraînements de la domination, peu leur importait ; ils n'admettaient pas que cette politique fût la plus sûre, ni la meilleure, ils en pressentaient une autre où la dignité serait maintenue à moins de frais et l'ascendant au prix de moins de violences. Ils se disaient qu'à s'imposer toujours et partout, un état, si puissant qu'il soit, prend une charge au-dessus de ses forces, qu'il se blesse en blessant autrui, et ne réussit qu'en semant des rancunes. Même bien remplie, la tâche est constamment à reprendre, et tôt ou tard elle écrase ceux qui s'y sont volontairement condamnés.

Je n'ai pas à juger encore ce procès ; je l'expose seulement et mets les parties en présence : ce que j'en veux faire ressortir, c'est le rôle qu'y jouent les hommes de l'école de Manchester. On semble d'accord pour leur attribuer, dans une certaine mesure, la trêve des esprits, l'échec porté à l'humeur guerroyante, la désuétude des traditions et la tiédeur qui succède à d'anciens emportements. Dans ce sens, l'histoire de cette école n'est pas celle d'un homme ni de plusieurs hommes, elle devient commune à la grande famille à laquelle ils appartiennent. Derrière les individus, la nation se montre, et l'intérêt s'élève en même temps que le cadre s'élargit. C'est ainsi que se présente l'une des physionomies les plus caractérisées de ce mouvement, celle de M. Richard Cobden. Il en est incontestablement le chef, il en a été l'âme. Les détails de sa vie pourraient se résumer en quelques pages, mais ils se lient à un effort et à des résultats dont l'Angleterre est encore remuée, et qui affectent sa politique autant que ses intérêts ; à ce titre, quelques développements sont nécessaires.

Section I.

Dans un pays libre et avec une race douée d'une fierté naturelle, comment une aristocratie a-t-elle pu jusqu'ici se maintenir ? Ses services, si éclatants qu'ils soient, n'expliquent pas seuls sa durée ; d'autres ont péri qui avaient le même droit de vivre. Par quels mérites celle-ci s'est-elle préservée ? On en a cité deux : le respect et la défense des institutions, une grande habileté de conduite. Il est constant que l'aristocratie anglaise n'a manqué ni à l'un ni à l'autre de ces devoirs ; elle n'a ni empiété ni résisté mal à propos. Elle a su toujours abandonner à temps les positions qu'elle ne pouvait défendre, et a mis dans ce mouvement de retraite une certaine dignité et beaucoup de bonne grâce. Après avoir lutté contre les réformes, elle y a cédé en les prenant en main et en les tempérant. Cependant avec un autre peuple ces concessions judicieuses n'eussent pas suffi ; il a fallu que des deux parts on se tînt en garde contre les entraînements et qu'à la modération dans la défense répondît la modération dans l'attaque. Ailleurs on ne s'arrête pas ainsi ; dans l'enivrement de la victoire, on ne laisse rien debout, sauf à se châtier de cet excès en tombant dans l'excès contraire. Comment le peuple anglais s'est-il refusé à ces tristes exécutions ?

Louis Reybaud

Les instruments ne lui manquaient pas ; il a les libertés de la presse et de la plate-forme, il a le droit de réunion et au besoin l'agitation des rues. Que de tentations pour tout soumettre au même niveau, briser les compartiments artificiels, abaisser ce qui s'élève, proscrire ce qui se distingue ! Ce spectacle va si bien aux passions de la foule ; pourquoi ce peuple ne se l'est-il pas donné ?

Plusieurs motifs l'en ont empêché. Le premier et le plus puissant, c'est qu'il réfléchit à ce qu'il va faire. Ne serait-il pas contenu par le scrupule de nuire à autrui, qu'il le serait par la crainte de se nuire à lui-même. Avant l'acte, il en calcule les suites et ne veut pas s'exposer à perdre plus de terrain qu'il n'en aurait gagné. Le second motif, c'est que ce privilège conféré à une classe flatte plutôt qu'il ne froisse l'orgueil des autres. Cette aristocratie n'a point de cadres fermés ou seulement ouverts à la faveur, le mérite y conduit aussi bien que la naissance. À côté d'anciens noms y figurent des noms nouveaux qui rajeunissent et retrempent l'institution, où viennent se confondre dans une parfaite égalité tous les services et toutes les gloires. Ensuite cette aristocratie ne prétend pas gouverner seule ; elle n'impose pas ses médiocrités au pays, elle laisse le pouvoir où il doit être pour le bien commun, entre les mains les plus capables et les plus dignes. C'est ainsi qu'on désarme les passions en élevant les caractères. Que d'hommes nés dans les plus humbles rangs ont, par leur seule valeur, franchi les degrés de la hiérarchie et exercé une influence décisive sur les destinées de leur pays ! Il suffit d'en citer deux qui appartiennent à ce siècle et ont une affinité d'origines, Wilberforce et M. Cobden. Au nom de l'un se rattache l'affranchissement des esclaves, au nom de l'autre l'affranchissement du commerce ; le premier est sorti d'un port de mer, le second d'une ferme pour passer de là dans un comptoir.

C'est à Mindhurst, dans le comté de Sussex, que naquit, en 1804, M. Richard Cobden, et rien dans son enfance ne faisait prévoir qu'il dût appartenir à l'industrie et y marquer fortement son passage. La contrée est plus agricole que manufacturière ; son père était un cultivateur chargé de famille, vivant sur un petit domaine qui suffisait à peine à ses besoins, et dont plus tard il fut dépossédé. Le jeune Richard passa donc par la rude école de la nécessité ; il ne connut dans son premier âge que le travail des champs, et le plus humble de tous : il gardait les moutons. On a fait à ce sujet

Section I.

un rapprochement curieux : près de la maison de son père était le château de Godwood, résidence du duc de Richmond, qui devait se montrer plus tard l'un des ardents défenseurs du privilège territorial. Qui eût dit alors au seigneur de cette résidence qu'entre lui et ce pauvre pâtre s'engagerait un jour, aux yeux du pays attentif, un duel où il n'aurait pas le beau rôle et qui se terminerait par un éclatant échec ? Qui lui eût fait supposer que dans la tête de cet enfant naîtrait la pensée téméraire de s'attaquer à ce que les traditions avaient consacré, au droit de prélever, par des artifices de législation, une dîme sur les besoins de la communauté, et de tirer des produits du sol un prix supérieur à celui qui résulte d'un marché librement ouvert et d'une loyale concurrence ?

Il est à croire que l'éducation du jeune Richard se ressentit, dans la période des débuts, de cette condition précaire et de cet assujettissement forcé. Il fallut s'en tenir aux premiers éléments, à ce qui se trouvait à portée dans la limite des heures disponibles et des ressources des parents. Plus tard, quand M. Cobden s'appartint, l'œuvre fut à refaire, et il ne s'y épargna pas. À ses autres mérites il joint celui de s'être formé lui-même. Dès l'adolescence, on put remarquer chez lui les signes auxquels se reconnaissent les vocations décidées : un esprit vigoureux, un caractère fortement trempé, un besoin d'activité qui des petites choses s'étendait aux grandes, une ambition contenue, et où l'ardeur n'excluait pas le calcul. Il avait en outre ce don bien rare de se séparer des idées convenues et de les soumettre au contrôle de ses propres réflexions, puis, sa conviction une fois arrêtée, la force d'y persister, quels que fussent les obstacles, et de garder néanmoins les limites au-delà desquelles il eût rencontré l'isolement. Sous ce rapport, ses débuts furent une sorte de préservatif. Avec des études plus spéculatives, il eut dévié vers l'utopie et partagé le sort des esprits qui oublient les faits dans l'enivrement des principes. M. Cobden dut à son étoile d'être placé sur un terrain plus consistant ; il s'inspira du bruit des ateliers plus que du silence du cabinet, il vit les industries à l'œuvre, et put toujours invoquer l'expérience à l'appui de la démonstration. C'est ainsi que son succès s'explique. Dans les réunions où plus tard il eut à développer ses projets de réforme, jamais son tact ne le trahit. S'il atteignit l'éloquence, ce fut par un art naturel, et en restant dans des sujets familiers. Entre lui et son auditoire existait

Louis Reybaud

une communauté de sentiments, de notions, d'origine, à laquelle il conformait son langage. Enfant du peuple, il touchait la fibre populaire par des sorties tantôt véhémentes, tantôt ironiques, contre les abus du privilège seigneurial ; homme du métier, il entrait dans des détails auxquels sa vie commencée dans les champs et continuée dans la manufacture l'avait successivement initié, — orateur sans y prétendre, et mieux servi par ses instincts que s'il en fût sorti pour chercher l'effet dans des moyens moins simples et moins appropriés.

Quand il fut en âge de choisir une carrière, M. Cobden n'eut qu'à obéir à la destinée. Il avait un oncle qui exerçait à Londres l'industrie des toiles peintes ; c'est près de lui qu'il se rendit et commença son apprentissage commercial. La maison était le siège d'un travail très actif, trop actif peut-être, car à quelques années de là elle fut emportée par des spéculations qui excédaient ses ressources ; mais les erreurs mêmes de l'oncle profitèrent à l'éducation du neveu. Avec un bon sens précoce, il vit et jugea les fautes commises, et quand il agit par lui-même et pour lui-même, il se garda d'y tomber. Son premier acte, dans ce moment d'épreuve, atteste combien déjà son caractère était réfléchi. À côté et au-dessus des motifs particuliers auxquels l'échec de son oncle pouvait être attribué, il avait entrevu des causes plus générales. Les belles toiles peintes, celles qui exigent plus d'art et de goût, s'étaient jusqu'alors fabriquées à Londres, où se trouvaient les ouvriers les plus expérimentés et les plus habiles dessinateurs ; Manchester n'imprimait encore que des toiles communes. C'était comme un partage d'attributions qui d'un côté donnait un produit plus parfait avec une main-d'œuvre plus coûteuse, de l'autre un produit inférieur au prix le plus réduit. M. Cobden se demanda s'il n'y aurait pas avantage à réunir ces deux genres de fabrication dans les mêmes mains et dans la même localité, l'une servant de modèle à l'autre, et toutes d'eux s'aidant par le contact. Transporter à Londres l'impression des toiles communes, il n'y fallait pas songer ; les charges de la vie dans une grande ville sont incompatibles avec des salaires modiques. Introduire au contraire à Manchester l'impression des toiles supérieures était une combinaison qui se présentait avec des chances favorables. Il ne s'agissait que d'attirer à Manchester de bons ouvriers et de bons dessinateurs. C'est ce qu'entreprit

M. Cobden. Mieux que personne, il était en position d'y réussir. Il n'emporta de Londres que son idée ; elle suffit pour lui ouvrir une carrière qui, d'abord modeste, alla chaque jour s'agrandissant. Pour l'industrie des toiles peintes, ce fut une révolution : au lieu de deux sièges, elle n'en eut plus qu'un, et peu à peu le Lancashire s'en empara au détriment du Middlesex.

Pendant plusieurs années, l'ambition de M. Cobden ne se porta point au-delà du soin de son industrie. Commis, puis intéressé dans une maison, enfin chef de maison lui-même, il gagnait lentement du terrain, sans autre prétention que d'arriver à la fortune par le travail et la probité. En même temps il achevait son éducation par de fréquents voyages, visitait la France, la Belgique et la Suisse, où rien n'était indifférent à un esprit curieux comme le sien. Longtemps il se renferma dans cette préparation silencieuse. Manchester voyait pourtant se succéder des agitations qui avaient leurs programmes et leurs héros. Dès 1832, le célèbre Cobbett y avait fait un appel aux radicaux, et couru les chances d'une candidature au parlement. Fils de cultivateur comme M. Cobden, animé de colères que l'âge n'avait pas refroidies, il se présentait avec des titres qui ne prêtaient point à l'équivoque et des écrits où sa haine pour l'aristocratie était allée jusqu'à l'outrage. Il avait pour clients les cent mille abonnés d'une feuille populaire, la plus redoutable que le gouvernement eût jamais rencontrée. Plus tard, ce fut le tour de Feargus O'Connor, qui ralliait les ouvriers sous les drapeaux d'une charte, monument de vertige, d'où se dégageaient à chaque article la désobéissance aux lois et l'indiscipline envers les maîtres. M. Cobden était trop avisé pour donner dans de pareils égarements ; il laissa passer avec une égale indifférence les chartistes et les radicaux. Ceux-ci étaient finis, ceux-là odieux ; tous devaient s'éteindre dans l'impuissance. Peut-être avait-il, comme les radicaux, ses griefs particuliers contre l'aristocratie, et pensait-il, avec les chartistes, que le sort des ouvriers pouvait être amélioré ; mais il ne séparait pas les réformes des moyens réguliers de les obtenir. Son caractère répugnait aux violences. Sans avoir la conscience de ce qu'il serait possible et utile de faire, il jugeait nettement ce qui devait avorter.

Pour la première fois, en 1835, M. Cobden se mêla ouvertement de questions politiques. M. Archibald Prentice raconte[1] qu'en sa qualité de directeur du *Manchester Times*, il reçut, dans le printemps de cette année, des communications intéressantes, qu'il livra à la publicité. L'écrivain ne s'était pas fait connaître, et malgré le succès de ces articles son nom restait une énigme, lorsqu'un petit volume, intitulé *l'Angleterre, l'Irlande et l'Amérique*, fut déposé dans les bureaux du journal avec la suscription accoutumée : « De la part de l'auteur. » Sur-le-champ M. Prentice reconnut la plume de son écrivain anonyme. C'était M. Richard Cobden, qui avait cherché dans ces ébauches un délassement aux soins de la fabrique. Son écrit était une réponse à un pamphlet que venait de publier M. Urquhart, et qui avait toutes les allures d'un défi jeté à la Russie. M. Cobden, qui a pour la paix un goût très prononcé, s'efforçait de calmer les ardeurs du partisan de la guerre, et, avec un mélange de raison et d'ironie, frappait les partis politiques et les préjugés nationaux par-dessus la tête de son antagoniste. Il disait que la meilleure diplomatie est celle des relations, et qu'aucun succès militaire ne vaut la conquête d'un débouché. Il préludait ainsi aux joutes qu'à quelques années de là il devait engager sur l'estrade des réunions publiques. L'écrit de M. Cobden, qui fit quelque bruit, fut suivi d'un second sur le même sujet.[2] On trouvait piquant qu'un écrivain sorti de la fabrique donnât des leçons à des publicistes émérites et opposât à leurs jactances le langage du bon sens. On sut gré aussi à M. Cobden d'avoir pris la défense de l'intérêt commercial contre des déclamations au moins intempestives. Désormais son nom prit de la notoriété. On s'accordait à dire qu'il y avait dans cet homme plus que l'étoffe d'un manufacturier, et que le discernement qu'il avait montré dans la conduite de ses affaires privées l'accompagnerait dans l'étude et la discussion des affaires publiques.

C'est surtout parmi la jeune population des fabriques que M. Richard Cobden avait trouvé des partisans, et il employa son influence au profit d'une classe à laquelle il avait longtemps appartenu. L'instruction technique était en honneur à Manchester ; dans une ville d'affaires, ce qui domine, c'est l'utilité. La culture intellectuelle et morale était plus négligée, elle manquait d'un

---

1 *History of the anti-corn-law League*, 2 vol.
2 *Russophobia*, chez Tait.

foyer public. Secondé par quelques amis, M. Cobden fonda un *athenœum* où, après leur tâche remplie, les employés purent trouver des distractions moins coûteuses et plus profitables que celles des tavernes et des cafés. Des moyens d'étude y étaient mis à la disposition de ceux qui éprouvaient le besoin d'orner et de perfectionner leur esprit ; aux autres on avait ménagé des délassements variés ; pour tous, c'était un point de réunion où ils s'éclairaient par l'échange des idées et se formaient par la meilleure des disciplines, l'esprit de corps. Nulle part le succès de ces institutions, si nombreuses en Angleterre, n'a été plus grand que dans le comté de Lancastre. M. Richard Cobden eut les honneurs de la séance d'ouverture ; il y fit son début dans l'art de l'improvisateur. C'était une épreuve qu'il n'affronta point sans émotion. Rien dans sa carrière ne l'y avait préparé ; il n'avait pour s'inspirer qu'une faculté naturelle, encore en germe : il répugnait à l'emphase, aux formes académiques, dont l'éloquence anglaise ne s'était pas dépouillée ; il ne voulait réussir que par la simplicité unie au bon sens. Ainsi disposé, il occupa la chaire, ira raconté plus tard que la vue de cet auditoire, redoutable dans son recueillement, lui enleva jusqu'à la conscience de ses paroles. Un nuage passa devant ses yeux, et il eût quitté la partie si les forces de sa volonté n'eussent dominé cette défaillance. Il acheva néanmoins son discours, mais sous l'empire d'une telle obsession que le lendemain seulement et par la lecture des journaux il sut ce qu'il avait dit : singulier début pour un homme qui, pendant plus de dix années, devait marquer chaque jour de sa vie par une harangue, et répandre de ville en ville des opinions qui n'étaient pas toujours du goût de ceux qui l'écoutaient ! Il paraît même que cette défiance n'abandonna pas M. Cobden dans ses campagnes les plus heureuses. Vétéran, il restait sous le coup des émotions qu'il avait ressenties à son premier feu. Seulement il s'en rendait mieux maître : ce travail intérieur ne se montrait au public que par une chaleur plus communicative, et ni l'esprit d'à-propos, ni l'aisance de l'orateur n'en étaient altérés ; cette timidité, sous l'aiguillon du devoir, prenait les formes de la hardiesse.

Il donna bientôt une preuve de cette vigueur réfléchie. Manchester vivait alors sous l'empire de la fiction la plus étrange. Avec ses 250,000 habitants, sa merveilleuse industrie, ses richesses accumulées, cette ville n'était encore, légalement parlant, qu'un simple bourg, relevant d'un seigneur, le *lord du manoir*, comme on l'appelait. Ce lord dirigeait l'administration, levait des taxes, imposait des patentes, frappait les ventes d'une sorte de droit d'aubaine. Point de représentation locale qui agitât librement les intérêts de la cité et donnât à la population la garantie de sa surveillance. Le respect des traditions, si puissant chez nos voisins, avait maintenu ce régime ; on le supportait comme un mal familier ; l'esprit féodal survivait au milieu de cette activité toute moderne. M. Cobden éveilla chez les fabricants le désir de renverser ce vieux débris. On se réunit, on se concerta ; une petite agitation locale fut résolue. Il y avait lieu de croire que des institutions semblables céderaient au premier effort. Appropriées à un village, elles devenaient une insulte et un déni de justice pour une grande cité. Cependant le lord du manoir résista et entraîna dans sa cause le parti qui se sentait menacé. Bien des bourgs se trouvaient dans le même cas, et si Manchester était une évidente exception, on pouvait, d'exception en exception, être conduit à la ruine du principe. Il fallut donc lutter, et M. Cobden ne fut pas l'un des moins ardents à la lutte. Le résultat, dans un pays sensé, ne pouvait être douteux. On reconnut enfin que Manchester avait acquis le droit de s'appartenir ; une corporation municipale remplaça le seigneur. La population ne se montra point ingrate pour ceux qui l'avaient émancipée ; presque tous les membres du comité d'agitation figurèrent dans le nouveau conseil. M. Cobden fut élu alderman, M. Thomas Potter eut le titre de maire et devint en même temps baronet. Manchester applaudit : s'il perdait un lord du manoir, il en avait la monnaie.

C'était encore un succès ; M. Cobden se mettait de plus en plus en évidence. Nommé membre de la chambre de commerce, il y trouva l'occasion de montrer son aptitude. Une nouvelle suite de voyages acheva de le mûrir. Quoiqu'il s'y occupât beaucoup de ses affaires, les vues générales le dominaient : l'attention que d'autres voyageurs portaient sur les monuments, il l'appliquait aux institutions et à leur influence sur le bien-être des peuples. Le champ était vaste ; il s'attacha à l'explorer. Il parcourut la Turquie, l'Égypte, la Grèce, en étudiant le travail sous les diverses formes qu'il revêt selon les régimes, les climats, les races ; puis, par le Danube, il pénétra en Allemagne, où une marqueterie d'états faisait l'essai d'un régime

Section I.

commun en matière de douanes. La ligue des villes libres le frappa surtout, et si fortement que plus tard il leur emprunta ce mot de ligue comme un des secrets de leur force. Cette vieille hanse qui avait pour objet de mettre les richesses privées à l'abri des déprédations seigneuriales lui parut être d'un bon exemple pour les pays où l'extorsion était encore en honneur, quoique plus adoucie. Dans les deux cas, il s'agissait d'une rançon, imposée ici par la force, là par la loi. Ses allusions à ce sujet étaient fréquentes ; il insistait sur l'impression que lui avaient laissée, le long du Danube et du Rhin, ces vieux châteaux, repaires de violences jusqu'au jour où les marchands s'unirent pour les réduire et les démanteler. « J'ai vu ces ruines, s'écriait-il, elles attestent la puissance qui réside dans une défense commune. Les privilèges du sol, si l'on s'obstine à les maintenir, tomberont en poussière comme les créneaux et les tours de ces citadelles de l'exaction. »

Ces privilèges du sol avaient pour principal appui la législation des grains, qui frappait la consommation d'une taxe au profit des détenteurs de la terre. L'instrument était l'échelle mobile, dont le mécanisme bien connu aboutissait au maintien artificiel des prix. Au-dessous d'une certaine limite, portée d'abord à 80 shillings, puis descendue à 73, les grains étrangers rencontraient un droit qui était l'équivalent d'une prohibition ; ce droit était alors d'un shilling par quarter ; il s'élevait à chaque shilling de baisse dans les prix, de manière à arriver à 27 shillings quand le blé en valait 60. L'entrée libre ne se conciliait qu'avec des prix de disette. Le jeu de ce tarif n'avait rien d'équivoque ni pour ceux qui en profitaient ni pour ceux qui en souffraient ; c'était une haute paye ménagée aux propriétaires et aux fermiers, une garantie contre la réduction de leurs revenus. Ces avantages accordés à une classe correspondaient à des préjudices, à des souffrances infligés aux autres. La moindre intempérie suffisait pour porter le trouble dans l'approvisionnement, et aucun commerce régulier ne pouvait s'établir sous la menace de cette taxe variable. À diverses époques, on en avait éprouvé les tristes effets. En 1800 et 1801, le blé avait valu 110 et 115 shillings le quarter, 122 shillings en 1812, 106 shillings en 1813, 94 shillings en 1817, c'est-à-dire 43 francs en moyenne pour notre hectolitre. Avec la paix, cette situation ne pouvait qu'empirer et empirait en effet. D'un côté, la population tendait à s'accroître ; de l'autre, la production des grains demeurait à peu près stationnaire. Un défaut d'équilibre se déclarait entre l'aliment et les bouches à nourrir de la cette conséquence que la demande excédait toujours l'offre : l'acheteur se trouvait à la merci du vendeur, et la concurrence ne s'exerçait que dans le sens de la hausse. Le marché restait maîtrisé, même avec l'abondance. Il y a plus : une insuffisance manifeste menaçait la production des grains, quel que fût l'état des récoltes, et des évaluations faites avec soin portaient cette insuffisance à deux millions de quarters. Comment, sous cette perspective, l'agriculture eût-elle maintenu ses prétentions et gardé une tâche qui excédait ses forces ? La raison et l'équité lui conseillaient de s'en dessaisir ; il y allait de la paix publique. Le temps arrivait où l'approvisionnement étranger, longtemps éventuel, devait être converti en une ressource permanente.

Cette nécessité avait frappé de bons esprits. M. Hume en 1834, M. Clay en 1836, avaient fait des motions pour remplacer l'échelle mobile par un droit fixe. M. Villiers s'était montré plus hardi en demandant la suppression complète du droit. Une association formée à Londres, et qui comptait vingt-six membres du parlement, se proposait le même but. Aucune de ces tentatives n'aboutit. L'effort était en raison des chances de succès, et ces chances dépendaient de l'état des récoltes : étaient-elles abondants, l'agriculture se plaignait ; étaient-elles médiocres, l'industrie, réclamait à son tour. Le fond du débat variait d'une saison à l'autre et flottait entre ces deux intérêts. Un fait néanmoins devenait évident, c'est que la prospérité de l'industrie se mesurait sur le prix des subsistances. Florissante en 1835 avec le blé à 39 shill. Le quarter, elle éprouva, en 1836 et 1837, une crise affreuse avec le blé a 55 shill. Beaucoup d'ateliers se fermèrent, d'autres ne travaillent que quatre jours par semaine ; des milliers d'ouvriers furent congédiés, des maisons d'une solidité proverbiale succombèrent devant le resserrement du crédit, et le doute plana sur toutes celles qui avaient des engagements en circulation. L'ébranlement durait encore quand, dans les premiers mois de 1838, M. Cobden rentra en Angleterre. Il s'inspira de l'état des esprits et jugea, qu'abandonnée aux hommes politiques, la réforme serait pour longtemps enrayée. La tâche exigeait des champions d'une autre trempe, étrangers aux ménagements,

Section I.

n'ayant point de position à compromettre, ne se mettant en souci que de frapper juste en frappant fort. Pour cela, il ne fallait pas viser trop haut, ni chercher des noms en crédit : le mouvement devait partir de la fabrique même, prendre des chefs dans ses rangs et se traiter comme se traite une affaire, avec des sacrifices au besoin. M. Cobden essaya d'abord d'entraîner la chambre du commerce, mais il vit, à ses résistances, qu'elle suivrait l'impulsion et ne la donnerait pas.

Un événement, insignifiant en apparence, vint en aide à ses projets. La récolte de 1838 avait été mauvaise, et des prix de 64 et de 70 shillings par quarter rendaient l'existence bien rude aux ouvriers nécessiteux. Parmi les localités frappées, aucune ne l'était plus que Bolton, située aux portes de Manchester ; dans une admirable étude sur sir Robert Peel,[1] M. Guizot a fait de ses souffrances un tableau navrant. Tant de misères, et des misères si apparentes, devaient trouver des voix pour les signaler à la pitié publique. Un vieux docteur, M. Birnie, fit annoncer qu'il ferait le soir, dans la salle de spectacle de Bolton, une lecture sur la loi des grains et ses effets. La foule accourut et montra de telles dispositions à l'enthousiasme que l'orateur en fut troublé. Il hésita, balbutia, brouilla ses papiers, et finit par comprendre qu'il s'était chargé d'une tâche au-dessus de ses forces. Au milieu de ce désarroi, un jeune homme s'élança sur l'estrade. C'était un étudiant en médecine, M. Paulton : « Je ne vous demande que quelques minutes, dit-il. — Allez, allez, » s'écria-t-on de toutes parts. Il ne prit que vingt minutes en effet, mais ces minutes furent bien replies. La chaleur de l'accent, la passion poussée jusqu'à l'invective transportèrent ce public. On l'applaudit à outrance, et on ne le tint quitte qu'après s'être mis d'accord avec lui pour l'entendre une seconde fois.

Justement le docteur Bowring venait d'arriver à Manchester, où le succès de M. Paulton faisait événement. Le docteur représentait Bolton au parlement, et il ne pouvait être indifférent à ce qui s'y passait. Aimant, comme dit M. Guizot, à faire du bien en faisant du bruit, il trouvait là une occasion à son goût ; il la saisit. Un banquet par souscription eut lieu à l'hôtel d'York, et la loi des grains fut le texte des discours qui s'y échangèrent. Celui de M. Bowring fut très vif ; il arrivait d'Orient, où il avait rencontré, disait-il, la famine

---

1 *Revue des Deux Mondes* du 15 mai, 1er juillet, 1er août et 1er septembre 1856.

Louis Reybaud

en permanence, et à son retour il avait la douloureuse surprise de voir que l'Angleterre n'y échappait point. À quoi cela tenait-il ? À l'oubli des notions de l'échange, si influent sur le bien-être des peuples. Après lui, d'autres orateurs revinrent sur ce sujet et en des tendues plus véhéments ; puis on passa aux santés d'usage : celle de M. Paulton ne fut point oubliée. L'élan était donné, il devint irrésistible. Vers la fin de septembre, l'association était constituée ; les arrangement préliminaires comprenaient l'objet, le nom de l'association (*anti-corn-law*), la cotisation, fixée à 5 shillings pour la tenir à la portée des moindres bourses. Sept personnes seulement assistaient à la première réunion ; il y eut affluence dans les suivantes. Un comité de soixante-dix membres fut nommé ; dans le nombre figuraient MM. Richard Cobden, John Bright, Thomas Potter, maire, et un modeste fabricant d'amidon, M. George Wilson, le futur président de la ligue. L'ardeur, l'union étaient manifestes ; un seul dissentiment s'éleva. À l'appel de son nom et à propos de la cotisation, M. Robert Stuart, un riche manufacturier, s'écria : « Quoi ! cinq shillings ! rien que cinq shillings ! Il nous faudra de bien autres sommes ! Inscrivez-moi pour dix livres ! » Le 20 octobre, le comité provisoire entrait en fonctions ; l'agitation commençait.

Les honneurs du début appartenaient à M. Paulton ; on l'invita à venir faire des lectures publiques à Manchester : il y fut accueilli avec enthousiasme, et y tint plusieurs séances. Ce fut dans l'une d'elles qu'il récita quelques vers dont la rime, invariablement reproduite, resta dans les mémoires. « Que veulent les lords, ces marchands de grains ? La rente. Pourquoi envoient-ils leurs frères au combat ? Pour la rente. Pourquoi votent-ils chaque année des millions arrosés de sang ? Pour la rente. Leurs richesses, leur santé, leur joie et leur mécontentement, leur but, leur pensée, leur religion, se résument par un mot : la rente, la rente, la rente ! » Cette rente bafouée était la rente de la terre, le revenu du sol. On peut juger du ton que déjà prenait la querelle : c'était la mise au ban d'une classe, on ne s'en cachait pas. Ces intempérances de langage répondaient aux émotions du dehors ; il s'y joignit bientôt des actes plus sérieux. La chambre de commerce comprit qu'elle ne pouvait persister dans son indifférence ; elle se réunit le 20 décembre, et un grave débat s'y éleva : il s'agissait de savoir si l'industrie, en se déclarant contre la protection en matière d'agriculture, y renoncerait en même temps pour elle-même. M. Cobden se prononça nettement pour l'affirmative. « Rigoureusement, dit-il, l'assimilation des deux privilèges n'est point exacte ; la concurrence intérieure ne s'y exerce pas de la même manière : pour l'industrie, elle est sans limites ; pour l'agriculture, elle est limitée par les surfaces à exploiter. Il convient cependant d'écarter les chicanes de détail, et garderie privilège pour soi, en le refusant à autrui, serait une inconséquence. » Après une discussion assez vive, cette opinion prévalut, et dans une adresse dont la rédaction lui fut confiée, M. Cobden la reproduisit en des termes qui ne laissaient point de prise à l'équivoque. Il voulait qu'il fût constant que l'industrie brûlait ses vaisseaux. « Convaincus, est-il dit dans cette pièce, que le fondement d'une justice commerciale est le droit qu'a tout homme d'échanger les fruits de son travail contre ceux des autres peuples, les pétitionnaires supplient la chambre des communes d'abolir les lois relatives à l'importation des grains et autres denrées alimentaires, et de faire aboutir à leur plein développement, tant pour l'agriculture que pour la manufacture, les vrais et pacifiques principes du libre échange. » Cette adresse n'essuya pas d'objection sérieuse. Appuyée par l'une des notabilités de la fabrique, M. Greg, elle fut adoptée à la presque unanimité des membres de la chambre.

Cet incident marque pour les grands industriels de Manchester le passage de l'expectative à l'action. Du côté de la population ouvrière, le mouvement n'avait rien d'indécis ; il gagnait de proche en proche. La grande industrie, le grand commerce hésitaient encore : ils craignaient les aventures ; ils ne s'engagèrent résolument et définitivement qu'à l'appel de leurs représentants officiels. Dès ce moment, l'association provisoire s'effaça devant une plus grande, où les moyens d'action étaient mieux en rapport avec les difficultés de la tâche et les ressources des adhérents. Aux souscriptions de 5 shillings succédèrent des souscriptions autrement significatives. « Donnons un peu de ce que nous avons, s'écria gaiement M. Cobden, afin de sauver le reste ! » Il s'inscrivit pour 100 livres sterling ; d'autres s'engagèrent pour la même somme ; d'autres enfin pour 50, 30, 25, 10 et 5 livres. On réunit en moins de quatre semaines 6,136 livres (environ 155,000 francs). Si ce n'étaient pas encore les magnifiques collectes qui signalèrent la dernière période, c'était déjà un chiffre respectable et très suffisant pour un début. Un grand conseil fut élu en séance générale ; il comptait cent sept membres et se subdivisait en comités chargés d'attributions spéciales. M. Cobden figurait dans les deux comités principaux, le comité exécutif et le comité des finances. M. J. B. Smith était président, et M. John Ballantyne secrétaire de l'association. Réorganisée sous cette forme le 28 janvier 1839, l'association devenait un instrument dont la trempe paraissait solide ; il restait à voir quel parti en tireraient les mains entre lesquelles il était tombé.

Une force collective a besoin d'un homme qui la règle et la dirige. Dans l'agitation naissante, M. Cobden est cet homme : on l'y voit dès la première heure et au premier rang. les orateurs brillants, les noms accrédités viendront plus tard : ils vont toujours du côté de la vogue ; mais M. Cobden avait eu incontestablement les honneurs de ce travail d'organisation sans lequel une entreprise n'est point viable. À l'encontre des opinions qui admettaient un droit fixe en place du droit mobile, il avait soutenu et fait prévaloir la franchise absolue et la suppression de tout droit ; il avait, déjouant des vœux secrets, amené la manufacture à se désister de ses privilèges pour qu'elle fut mieux fondée à combattre ceux de l'agriculture. Il avait préparé le terrain au nom d'un principe élémentaire, l'égalité de traitement et la liberté pour tous. Cette justesse et cette promptitude de coup d'œil allaient le porter en avant dans des démonstrations plus décisives.

Réduite à Manchester et aux environs, l'agitation gardait un caractère local dont il importait de la dépouiller. Les adhésions arrivaient en foule, des pétitions se couvraient de signatures : Glasgow en avait réuni quatre-vingt mille, Leeds quinze mille ; les autres villes manufacturières promettaient des chiffres équivalents : c'était par millions qu'avant peu on compterait les partisans de la réforme. S'appuyant de ces faits, M. Cobden proposa et fit adopter une motion qui désignait Londres comme lieu de rendez-vous à ces associations éparses, les invitant à choisir des délégués qui s'y réuniraient le 4 février 1839, à midi, à l'hôtel Brown. Au jour et à l'heure fixés, trente-un délégués s'y rencontraient. Manchester, Bolton, Liverpool, Glasgow, Leeds, Stockport, Kensal, Huddersfield, Preston, Birmingham et Londres y étaient représentés. L'hôtel

Brown avait été choisi comme étant situé en face de la chambre des communes. M. Villiers, l'intrépide auteur d'une motion toujours écartée, assistait à la réunion, et se chargea de présenter à la chambre les délégués des villes manufacturières. Le parlement s'ouvrit, et ni le discours de la couronne ni l'adresse qui y répondait ne firent mention de la législation des céréales. Les délégués ne se découragèrent pas. Présents à toutes les séances du parlement, ils l'accablaient de pétitions formidables par le nombre. Comme il l'avait promis, M. Villiers demanda qu'ils fussent admis à la barre. La chambre semblait décidée à ne répondre que par le dédain ; les whigs, alors au pouvoir, ne déguisaient ni leur impatience ni leur mauvaise volonté. Sur les instances de M. Villiers, il fallut pourtant s'expliquer, et lord John Russell se retrancha dans un refus formel. Une enquête était demandée ; on alla aux voix : 172 voix admirent l'enquête, 361 voix la repoussèrent. C'était une partie perdue ou ajournée du moins. Avant de quitter Londres, les délégués tinrent une dernière séance. Beaucoup de membres du parlement y assistaient avec les rédacteurs des journaux influents et les hommes qui s'étaient signalés par leur dévouement à la cause de la liberté du commerce. Devant cette réunion, M. Cobden prononça un de ses discours les plus heureux. C'est là que, rappelant la destinée des villes hanséatiques, il les cita comme un exemple à suivre. « Eh bien ! s'écria un des assistants, si nous formions une *ligue* ? — Oui, reprit M. Cobden, formons une ligue, une ligue contre la loi des grains. » Le mot eut du succès, et devint pour l'association comme un second baptême. Elle devint la ligue ; elle eut, pour répéter les expressions de M. Guizot, un chef populaire et un nom éclatant.

Le résultat de cette épreuve fut de ramener l'agitation dans son foyer, accrue en force par le bruit qu'elle avait fait. À peine de retour, les délégués rendirent compte de leur mission d'un ton qui se ressentait du désappointement essuyé. Le vent était à la guerre ; on s'y préparait dans le camp opposé, et sur deux points les hostilités avaient commencé. La première attaque vint de la Société centrale d'agriculture. Dans une réunion où elle attira la grande noblesse du comté se produisirent des arguments en faveur du maintien de la législation des grains. On soutint que, pour l'activité rurale, c'était une question de vie ou de mort, et qu'à moins de 80 shillings par quarter, il était impossible d'avoir pour le blé un prix rémunérateur, de bons gages pour les journaliers et des revenus satisfaisants pour les propriétaires. On traita les partisans de la réforme d'incendiaires et de spéculateurs, dont le but était de faire émigrer vers les villes les populations des campagnes, afin d'abuser de leur nombre pour faire baisser le taux des salaires et les pervertir par les habitudes de débauche inséparables de la vie des ateliers. Jusque-là les armes étaient loyales : déclamations contre déclamations, colère pour colère. Le parti conservateur alla plus loin ; il voulut déconcerter ses adversaires par une diversion moins inoffensive et leur opposer des auxiliaires plus résolus. Il ne s'agissait que d'un peu d'argent à répandre et de quelques meneurs à embaucher ; ces choses-là, dans le Royaume-Uni, se font sans scrupule.

On a vu qu'il existait, dans les classes populaires, un parti remuant qui avait la prétention de changer de fond en comble les institutions du pays : c'étaient les chartistes avec leur convention nationale et leur suffrage universel, illusion favorite de la multitude. Ces agitateurs de la pire espèce éprouvaient une jalousie mêlée de rage au spectacle de cette agitation plus calme, plus modeste, qui avait un but défini et un appui dans les classes opulentes. Rien de plus facile que de pousser à un scandale des hommes ainsi disposés : on n'y manqua pas. Jusqu'alors, l'entrée des réunions de la ligue était restée libre, les portes n'en étaient point gardées. Dans une séance où l'on devait donner communication d'un rapport, un certain nombre d'intrus se glissa dans la salle, et dès le début se fit remarquer par ses airs insolents et sa tenue équivoque. Deux ou trois discours venaient d'être prononcés, lorsque, sur un mot d'ordre, le tumulte éclata. « Que l'honnête Pat Murphy prenne le fauteuil ! » dit une voix. Ce Pat Murphy était un marchand ambulant qui, avec son baquet, débitait de porte en porte des pommes de terre. Là-dessus réclamations, rumeurs dans l'assistance. Le fauteuil était occupé par M. Thomas Harbottle ; on l'invita à ne pas s'en dessaisir. « Pat Murphy ! nous voulons Pat Murphy ! » répétèrent les interrupteurs. Le marchand de pommes de terre joua des poings et fendit la foule ; quand il parut sur l'estrade, on put juger quel était l'homme à qui on faisait un tel honneur. L'honnête Pat Murphy était ivre ; couvert de haillons et chaussé de sabots, il essayait de se frayer un passage vers le fauteuil malgré les résistances du bureau. Ses amis lui prêtèrent main-forte, et parvinrent à l'installer sur un siège devant le président. À peine assis, il entra en fonctions. « Trois salves en faveur de la convention nationale ! » dit-il. Les trois salves furent données. « Trois grognements pour l'association contre la loi des céréales ! » Les trois grognements furent poussés. «Levez vos chaises pour Pat Murphy ! » À l'instant, les chaises furent levées, et au lieu de les remettre à terre on les jeta à la tête des hommes qui protestaient. Une mêlée affreuse s'ensuivit, dans laquelle plusieurs personnes furent blessées. Devant de telles violences, il n'y avait qu'à battre en retraite. Le président donna l'exemple, et la partie honnête de l'assemblée le suivit ; on laissa le champ libre aux énergumènes, qui complétèrent les jouissances de la soirée en brisant les quinquets sous la direction de l'honnête Pat Murphy.

De ce jour, on n'entra plus aux réunions de la ligue qu'avec des billets, et en appuyant cette mesure d'ordre, M. Cobden ajouta : « Loin de moi la pensée d'exclure les avocats de la loi des grains, s'ils consentent à une discussion paisible ! Mais, au nom des classes laborieuses de Manchester, je proteste contre ces hommes qui à la raison substituent la force et sont venus ici hier commettre d'odieux attentats contre les propriétés et les personnes. Ouvriers, prenez-y garde, ces amis du bien d'autrui ne vous respecteront pas plus qu'ils n'ont respecté ce qui appartient à notre association ; ils s'attaqueront à vos épargnes comme ils se sont attaqués à ce que nous avions payé de nos deniers ; ils jetteront des yeux de convoitise sur les fonds de vos sociétés particulières, secours mutuels, assistances en cas de maladie, unions, assurances, tontines ; ils mettront la main sur tout cela, si vous ne les arrêtez à temps. » L'auditoire, où beaucoup d'hommes du peuple avaient été admis, accueillit ces paroles avec des applaudissements. M. Cobden continua en rappelant que la cause de la ligue était surtout la cause du pauvre, pour qui le premier des besoins était l'aliment à bon marché. « Nous avons adopté un principe, dit-il en terminant, celui d'une franchise absolue de droits ; nous n'en dévierons pas. Maintenant nous faisons un appel à tous les hommes honnêtes de cette cité, sans distinction de classes ni de fortunes ; ils savent ce qui est écrit sur notre bannière ; qu'ils nous abandonnent, si nous ne restons pas fidèles à nos engagements ! »

Louis Reybaud

La ligue se trouva bientôt fortement constituée ; elle put mettre ses finances sur le meilleur pied. Un second appel de 50,000 livres sterling (1,250,000 francs) avait, comme le premier, réussi au-delà de toutes les espérances. Les caisses étaient pleines ; il ne s'agissait plus que de donner à cet argent un bon emploi. On créa un organe sous le titre de *Circulaire contre la loi des grains*, titre qui, deux fois modifié, devint la *Circulaire contre la taxe du pain*, et ensuite plus simplement *la Ligue*. Dès l'origine, on en plaça quinze mille exemplaires et trente mille quand la vogue fut établie. Des almanachs, des pamphlets à la main sortirent par millions d'une imprimerie qui appartenait à l'association. En même temps les réunions se multipliaient ; des orateurs, les uns rétribués, les autres à titre gratuit, visitaient les villes, les bourgs, et jusqu'aux villages ; dans la seule campagne de 1840, on compta sept cents séances tenues dans cinquante-six comtés. Des tribuns illustres ne dédaignaient pas d'y paraître, et Daniel O'Connell assista à un banquet à côté de MM. Bright et Milner Gibson. Son discours ne fut qu'une longue boutade. « La loi des grains ! s'écria-t-il avec ses airs de mépris. À quoi est-elle bonne ? À mettre de l'argent dans la poche des lords, non pas l'argent des Russes, des Danois, des Suédois, mais l'argent des compatriotes. » Le mouvement se propageait ainsi dans le public sans que le monde officiel en parût ébranlé. La motion annuelle de M. Villiers perdait du terrain au lieu d'en gagner, et, mis en demeure de s'expliquer, lord Melbourne et M. Baring se renfermaient dans des réponses évasives. Ce n'est pas que le ministère et le parlement fussent insensibles à la détresse des districts manufacturiers ; ils résistaient seulement au moyen qui leur était proposé. Pour le parlement, c'était une question de principe ; pour le cabinet, une question d'existence. L'agitation, si elle voulait pénétrer jusque-là, avait encore bien du chemin et des efforts à faire.

De deux côtés, il lui arriva des auxiliaires. Quelques membres de la ligue avaient songé au clergé ; un appel fut adressé aux ministres de tous les cultes. Ceux de l'église établie le laissèrent sans réponse ; trois exceptions seulement, — une dans l'église d'Angleterre, deux dans l'église d'Écosse, — servirent à mieux marquer cette hostilité de corps. L'intérêt n'y était pas étranger ; la dîme au profit du clergé se prélevait sur le prix des denrées, et une baisse l'eût frappé dans ses revenus. En revanche, les cultes dissidents s'empressèrent d'accueillir l'ouverture qui leur était faite. Une réunion spéciale avait été indiquée pour le courant du mois d'août 1840. Sept cents ministres de la religion se rendirent à Manchester pour y assister. Les membres de la ligue se partagèrent l'honneur de leur offrir l'hospitalité ; pendant une semaine que dura la conférence, ces pasteurs vécurent au sein des familles. Deux fois par jour, ils s'assemblaient à l'hôtel de ville, la séance du matin durait quatre heures, celle du soir cinq ; sur quinze cents discours prononcés, six à peine furent en opposition formelle avec la réforme. Le sujet était surtout traité dans ses rapports avec le sentiment religieux et la condition morale du peuple. Il y eut de curieux incidents, d'éloquentes protestations dans lesquelles la Bible figurait avec autorité. M. Cobden ouvrit la conférence comme délégué de la ligue ; il dit quels étaient ses plans, quelles intentions l'animaient, quels moyens elle avait à sa disposition. Puis chaque ministre vint à son tour rendre compte de la situation des classes pauvres dans les paroisses de son ressort ; l'un d'eux déclara, avec l'assentiment de tous, qu'il y avait dans le pays quinze cents membres du clergé décidés à soutenir cette agitation sans acception de partis ni d'intérêts, et que parmi ceux qui étaient présents plusieurs avaient fait à leurs frais quarante, cinquante et jusqu'à cent lieues, pour apporter leur concours à une œuvre qu'ils regardaient comme inspirée par le ciel et digne de ses bénédictions. Les conférences se résumèrent par une adresse qui exprimait ces sentiments, et l'assemblée se sépara avec la résolution d'agir dans le sens des convictions qu'elle s'était formées.

Le second appui que trouva la ligue lui vint des dames de Manchester. Admises depuis quelque temps aux réunions, elles les suivaient avec un intérêt évident et une vive sympathie. Des thés publics furent organisés ; les dames en faisaient les honneurs, et remplie par des discours, la soirée se terminait par des quêtes. Les dames de Manchester ne s'en tinrent pas là ; dans une assemblée spéciale où lord Holland occupait le fauteuil, elles votèrent une adresse à la reine, et se formèrent ensuite en comité, sous la présidence de Mme Cobden, pour ouvrir un bazar dont les recettes devaient servir à l'accroissement du fonds de la ligue et au soulagement des misères les plus urgentes. En moins de trois mois, ce projet fut mis à exécution. Le grand théâtre de la ville, approprié à cette destination et décoré avec goût, s'ouvrit aux dons volontaires ; c'était, au sein des familles, à qui offrirait le plus de ces ouvrages délicats qui naissent sous l'aiguille ou sous le fuseau. Aux merveilles de l'industrie locale on ajouta tout ce qui pouvait piquer la curiosité. L'enceinte avait été divisée en stalles qu'occupaient en grande toilette des marchandes improvisées auxquelles les chalands ne résistaient pas, et qui rivalisaient d'adresse pour vendre à plus haut prix les moindres bagatelles. Les prix d'entrée avaient été fixés à 1 shilling le matin, à 2 shillings dans l'après-midi. Cette exposition dura dix jours, et les recettes prouvèrent ce que peuvent la grâce et le dévouement mis au service d'une pensée charitable. Au moment de la clôture, le bazar avait rapporté 10,000 livres sterling, plus de 250,000 francs. C'était un beau subside pour la ligue, et une riche aumône qui de ses mains devait aller dans celles des malheureux.

Section II.

M. Cobden n'avait plus qu'un degré à franchir pour arriver au parlement. La voix publique l'y appelait ; ses titres étaient de ceux qu'on ne discute plus. Son talent de parole s'était montré au niveau de tous les auditoires, énergique dans les orages populaires, calme dans les conférences de délégués, toujours ingénieux et sensé, naturel surtout et gardant la juste mesure. Ce qui manquait à ses discours du côté de l'ornement était compensé par la connaissance des faits et la solidité de la discussion. Sa candidature se posait donc d'elle-même. N'était-il pas à croire que Manchester disputerait aux autres bourgs l'honneur de le nommer ? Il n'en fut point ainsi. Des malentendus survinrent, et un peu de jalousie locale s'y mêla. Les whigs avaient jusqu'alors disposé des deux sièges, et M. Cobden déclara que, représentant d'une idée, il n'entendait pas aliéner son indépendance. Cette fierté mal comprise amena un autre choix, un choix aussi heureux qu'il pouvait l'être après cette ingratitude. M. Milner Gibson devint le candidat du parti libéral, et, investi du siège, il en représenta les opinions avec un véritable talent et une fidélité à toute épreuve. Il faut dire que la ligue connaissait alors imparfaitement sa force et qu'elle n'était pas ce qu'elle devint bientôt, une pépinière de membres du parlement. Déjà pourtant, dans une élection antérieure, à Walsall, où elle s'était tardivement essayée, elle avait pu balancer la puissante influence des Gladstone. À Bolton, elle assura la réélection du docteur Bowring, tandis que Stockport, sans autre pression que la notoriété du chef de la ligue, vengeait M. Cobden de l'abandon de Manchester et se le donnait pour représentant.

Les circonstances étaient graves quand M. Cobden reçut ce nouveau mandat ; par l'effet des élections, le ministère whig tombait en minorité et se retirait (août 1841) devant une adresse hostile pour faire place à un nouveau cabinet, inspiré et dirigé par sir Robert Peel. Au fond, ce changement était plutôt favorable, et la suite le prouva bien, aux réformes que poursuivait M. Cobden. Les whigs, faute de pouvoir réel, en étaient venus à déserter leurs propres principes ; depuis trois ans, ils se tenaient sur la défensive, moins jaloux de contenter leurs amis que de déjouer les efforts de leurs adversaires. Sir Robert Peel, au contraire, arrivait avec le désir et le besoin d'agir. Il allait, par la hardiesse de ses mesures, porter une diversion dans le camp opposé et le mettre dans l'alternative ou de s'y rallier ou de se démentir. Plus que les whigs, il était ému de l'état précaire des classes laborieuses et préoccupé des remèdes à y apporter. « Il y a là, disait-il dans un entretien avec M. Guizot, trop de souffrance et trop de perplexité ; c'est une honte et un péril pour notre civilisation ; il faut absolument rendre la condition de ce peuple du travail manuel moins rude et moins précaire. On n'y peut pas tout, bien s'en faut ; mais on y peut quelque chose, et on y doit faire tout ce qu'on peut : » noble langage dont les événements ont attesté la sincérité ! La tâche était pourtant pleine d'embarras. Le ministre n'était maître de son parti qu'à la condition de servir ses passions et d'épouser ses intérêts ; il fallait s'en détacher et en décomposer les éléments pour en obtenir les moindres réformes. De leur côté, les whigs avaient semé d'embûches le terrain qui leur échappait. Ce qu'ils n'avaient pu ni voulu faire, ils mettaient leurs successeurs en demeure et presqu'au défi de l'accomplir immédiatement. Sir Robert Peel déjoua le piège et se refusa à un engagement formel ; la prorogation le mit à couvert : il avait cinq mois devant lui pour se recueillir et préparer ses projets.

Il les exposa dès l'ouverture de la session de 1842 ; rien de plus net, de plus simple. Pour combler le découvert du trésor, il proposait deux mesures : l'impôt sur le revenu, la révision des tarifs. De 1 200 articles sujets à la taxe, 750 étaient modifiés ; sur les matières premières, le droit descendait à 5 pour 100 de la valeur ; sur les produits en partie manufacturés, à 12 pour 100 ; sur les produits manufacturés, à 20 pour 100. Quant aux grains, le droit était réduit à 20 shillings quand le blé serait à 51 shillings et décroîtrait de manière à n'être plus que de 1 shilling quand le blé en vaudrait 73. Ce n'était là, pour les whigs et les membres de la ligue, qu'une satisfaction incomplète ; pour les conservateurs au contraire, c'était un commencement de trahison. Sir Robert Peel eut à défendre ses plans contre les prétentions des uns et les répugnances des autres. Déjà, dans la courte session du mois d'août, M. Cobden avait pu faire ses débuts devant la chambre, mais avec une réserve, une modération étudiées qui avaient causé quelque surprise. Cette fois il fut plus vif et eut à essuyer les interruptions et les rires ironiques qui partaient des bancs opposés. M. Villiers avait reproduit sa motion pour l'abolition complète ; il l'appuya par un bon discours, où il ne dissimula rien ni de l'état des esprits, ni des difficultés de la situation, Le premier ministre resta inébranlable, il ne voulait pas faire d'autre violence à son parti ; sa loi passa, telle qu'il l'avait présentée ; à l'essai pourtant, on put voir combien elle était insuffisante. Loin de décroître, les prix haussaient sur les marchés ; jamais la misère n'avait plus cruellement sévi dans les villes industrielles. Leeds, 30,000 âmes gagnaient à peine quinze sous par semaine ; dans un district de Manchester, 258 familles n'avaient que cinq sous par jour pour suffire à leurs besoins. De tous côtés arrivaient des avertissements sinistres. Les ouvriers s'en prenaient aux fabricants, aux machines, et une fermentation redoutable régnait parmi eux. Les populations affamées n'écoutaient plus que la voix des chartistes ; tout annonçait une prise d'armes, elle éclata bientôt.

Dans le courant du mois d'août 1842 et quelques semaines après la clôture de la session, les comtés manufacturiers devinrent le siège de violences qui provenaient d'un concert évident. Le mot d'ordre était la cessation du travail ; le but, de rançonner les fabricants et d'amener le gouvernement à composition. Le premier rassemblement se forma à Ahston-sur-Lyne ; de là il gagna les villes voisines, puis Manchester. 40,000 ouvriers avaient quitté leurs ateliers, et bientôt il n'y eut plus dans tout le comté un seul métier en mouvement. Aux menaces avaient succédé les voies de fait ; des croisées avaient été brisées, des portes enfoncées, des boutiques de boulangers pillées. Il fallut sévir. Le commandant militaire du district arriva à Manchester avec des dragons, un corps de troupes et deux pièces d'artillerie ; les forces de la police furent mises sur pied, et trois mille constables spéciaux leur furent adjoints. Un grand nombre de membres de la ligue tinrent à honneur de remplir ce mandat. Ils témoignaient ainsi de quel œil ils voyaient cette manifestation turbulente. Quelques jours s'écoulèrent avant qu'elle fût calmée. Une charge de dragons dispersa le principal rassemblement, et la présence du canon contint les autres. Tout se réduisit dès lors à des groupes inoffensifs. On s'y plaignait hautement des hommes de la ligue en disant qu'ils étaient agitateurs la veille et constables le lendemain. On ajoutait que le gouvernement avait tort d'intervenir dans la querelle, qu'elle était toute entre les fabricants et les ouvriers, et que ceux-ci n'avaient d'autre prétention que d'obtenir des salaires uniformes sur le pied de ceux de 1839. De leur côté, les fabricants répondaient à ce défi en déclarant que leurs ateliers seraient désormais fermés, que les ouvriers n'y rentreraient que par un acte de soumission volontaire. La lassitude s'en mêlait ; après une semaine d'alerte, les troubles cessèrent sans qu'il y eût un coup de fusil tiré. Au fort de la crise, la ligue s'était réunie, et s'en rendant l'organe, M. Cobden avait nettement marqué les situations que l'on essayait de confondre ; il avait déclaré qu'entre cette agitation politique allant à l'aventure, et par d'odieux moyens, et l'agitation commerciale poursuivant un but déterminé par des procédés réguliers, il n'y avait ni complicité, ni responsabilité possible. Les conséquences de cette échauffourée furent de délivrer la ligue de voisins incommodes ; sa voix se fit mieux entendre quand il y eut moins de bruit à ses côtés.

L'ouverture du parlement en 1843 fut marquée par un incident bien fâcheux. Quelques jours avant qu'elle eût lieu, le secrétaire de sir Robert Peel avait été tué d'un coup de pistolet par un Écossais qui l'avait pris pour le premier ministre. On arrêta ce malheureux, et après une enquête il fut envoyé dans une maison de fous. Sir Robert Peel perdait un ami et un confident ; il en éprouva une vive douleur, mêlée d'un certain trouble. Il voyait bien qu'aucune de ses mesures n'avait réussi : le revenu public ne se relevait pas, la détresse persistait. De là un certain mécontentement de lui-même et une sourde irritation qui se partageait entre ceux qui l'attaquaient si vivement et ceux qui le soutenaient si mal. Dès les premières séances, cette disposition se trahit. Amené à s'expliquer au sujet de la loi des grains, il déclara qu'il la maintiendrait. Là-dessus un long débat s'éleva, et dans la cinquième nuit M. Cobden s'y engagea à son tour. Plus d'une fois la ligue avait été mise en cause, et dans les termes les moins mesurés ; les représailles étaient permises. Il dit aux représentants des fermiers que la hausse des blés n'amenait pas la hausse des gages, mais la hausse de la rente du sol, et profitait au propriétaire plus qu'au cultivateur ; il cita des noms, rappela des faits, puis, s'adressant au premier ministre : « Quel autre remède avez-vous, lui dit-il, pour mettre fin à la misère publique ? Vous avez refusé d'écouter les manufacturiers ; vous avez, en persistant dans votre loi, agi selon votre jugement : vous êtes responsable personnellement des conséquences... Oui, la responsabilité de ce déplorable et dangereux état des choses retombe sur vous. » Pendant ce discours, sir Robert Peel s'était contenu avec peine. Quand M. Cobden se fut rassis, il se leva ; un autre conservateur avait demandé la parole ; le ministre s'en empara avec brusquerie en commandant le silence par un geste violent. « L'honorable membre, dit-il avec une émotion visible, vient de répéter ici ce qu'il a répété bien des fois dans les conférences de la ligue, qu'il me regarde comme personnellement responsable de la détresse et des souffrances du pays. Quelles que puissent être les conséquences de ces insinuations, jamais aucune menace ne me fera tenir une conduite que je considère... » Le reste de la phrase se perdit au milieu du bruit. On comprit que le souvenir d'un attentat récent poursuivait sir Robert Peel, et qu'il trouvait dans les paroles de M. Cobden l'équivalent d'une provocation à l'assassinat. Celui-ci ne voulut pas rester sous le poids d'un injurieux soupçon. « Je n'ai point dit, s'écria-t-il, que je regardais l'honorable baronet comme responsable dans le sens qu'il attache à ce mot ; j'ai dit et voulu dire qu'il était responsable à raison de ses fonctions, et l'ensemble de mon discours explique nettement ma pensée. » D'autres propos furent encore échangés, et sir Robert Peel n'y mit pas son sang-froid habituel. Il oubliait que les usages constants de la chambre autorisent l'orateur à rétablir le sens des paroles qu'il a prononcées, que dans ce cas il n'y a plus qu'une interprétation admise, et c'est la sienne.

Les conservateurs triomphaient ; ils croyaient avoir frappé à mort la ligue dans son chef reconnu. Les événements ne tardèrent pas à les détromper. Maltraité dans le sein de la chambre, M. Cobden eut au dehors d'éclatantes revanches. Une portion de la presse prit son parti. Il eut à Londres les honneurs d'une réhabilitation publique, à Manchester le dédommagement d'une protestation imposante. La ligue y avait, de ses deniers, bâti à son usage un édifice de cent trente-cinq pieds de long sur cent trois de large, récemment inauguré en présence des délégués de trente-neuf villes et de deux cents ministres de la religion. Ce fut dans cette salle que huit mille personnes se rassemblèrent ; une adresse à M. Cobden fut votée au milieu d'applaudissements qui en ébranlèrent les voûtes ; on y rappelait son dévouement, son honnêteté, ses mœurs douces, ses sentiments chrétiens, puis on l'engageait à poursuivre fermement sa marche en dépit des outrages et des calomnies. En huit jours, cette adresse se couvrit de cinquante mille signatures, et il lui en parvint de semblables des comtés environnants. Au lieu de ruiner son crédit, on l'avait accru ; au lieu d'abattre la ligue, on l'avait retrempée par la persécution. Ce fut alors qu'on songea sérieusement à déplacer le siège de son principal effort. Tant que l'agitation avait gardé un caractère local, Manchester suffisait ; tout partait de là, tout venait y aboutir. Dans les débuts, c'était une force ; c'eût été une faiblesse, si l'on eût persisté : sans de nouveaux aliments, ce foyer circonscrit se fût éteint de lui-même. Il fallait, pour réussir, que l'agitation devînt générale, et que de la province elle passât à la métropole. Ce que Manchester avait commencé, Londres devait l'achever. Jusqu'alors on n'y avait connu la ligue que par quelques conférences de délégués tenues dans des hôtels et presque à huis clos ; aucun succès n'était possible à ces conditions, la scène était trop vaste pour des moyens si petits. Il était temps d'appliquer à une tâche sérieuse un levier plus puissant.

La première recherche était celle d'un local qui pût réunir un nombreux auditoire. À défaut de la salle d'Exeter, qui fut refusée, on traita avec le directeur du théâtre de Drury-Lane, fermé pendant le carême ; on le loua pour une nuit par semaine. La première séance eut lieu le 15 mars 1843. Devant une salle pleine jusqu'aux combles, M. Cobden parut sur l'estrade : il avait été le premier à la peine, il était juste qu'il fût le premier à l'honneur ; mais à ses côtés figuraient deux hommes qui allaient partager le poids des nouvelles campagnes et y déployer des ressources brillantes et variées : l'un était M. Bright, que la ville de Durham envoyait, peu de mois après, au parlement avec un nom et des succès déjà populaires ; l'autre était M. W.-J. Fox, qui y arriva plus tard pour l'un des sièges dont la ligue disposait. Par leur diversité même, ces trois talents s'appuyaient et se complétaient. M. Bright maniait l'indignation comme une arme familière, et dans ses véhémentes apostrophes ne ménageait ni les noms propres, ni les rangs, ni les positions. Sa conscience de quaker ne comportait aucun des tempéraments qui sont le cachet d'une éloquence de bon goût ; il était sincère jusqu'à la brutalité, passionné jusqu'à l'emportement. Parlait-il des lords, le défi était sur ses lèvres ; il s'étonnait qu'après avoir fait justice d'un roi, l'Angleterre se fût livrée à quelques centaines de despotes. « Vous avez abattu le lion ! s'écriait-il. Est-ce donc pour vous incliner devant le loup ? » M. Fox, avec une verve égale, mettait au service de ses idées une imagination pleine d'originalité. Petit et replet, avec des cheveux noirs flottants sur les épaules, il avait les apparences de la bonhomie ; mais aux premiers mots le jouteur se montrait. Si vaste que fût une enceinte, sa voix la remplissait ; on ne perdait pas une syllabe, et l'art du débit aidait au succès de la phrase. Son tour habituel était le sarcasme ; il raillait les lords, que M. Bright venait de foudroyer, ou bien il multipliait les images sur le sort du pauvre avec plus de profusion que de choix. Tout cela était fort mêlé, des juges délicats auraient trouvé beaucoup à y reprendre ; la foule n'y regardait pas de si près et acceptait tout au même titre. Tels étaient les deux assesseurs de M. Cobden, et celui-ci ajoutait à ces saillies et à ces sorties la solidité et l'abondance de ses informations.

Les séances du théâtre de Drury-Lane, continuées plus tard sur celui de Covent-Garden, furent des plus brillantes. La grande société de Londres ne dédaignait pas d'y paraître, les dames y accouraient. Le débit étudié de M. Fox, l'énergique accent de M. Bright, le ton calme et convaincu de M. Cobden, la dignité avec laquelle M. Wilson tenait le fauteuil, laissaient l'auditoire sous le coup des impressions les plus favorables. Des membres du parlement occupaient l'estrade ; MM. Villiers, Ricardo, Milner Gibson, Thompson, Napier, Elphinstone, Holland, s'y montraient fort assidus ; plusieurs d'entre eux prirent la parole : lord Kinnaird eut les honneurs d'une séance. L'effort, si obstiné qu'il fût, n'allait pas cependant au-delà de la tâche. Une ville comme Londres n'est pas facile à ébranler. Elle contient un tel mélange de classes et d'intérêts, offre un si grand contraste de positions et une somme si considérable d'influences, qu'il faut s'y reprendre plus d'une fois pour vaincre ses préventions et triompher de ses dédains. Les conservateurs, de leur côté, veillaient sur l'opinion et se gardaient contre les surprises. Maîtres du parlement, ils voulaient rester maîtres au dehors ; les petits combats ne les trouvaient pas plus en défaut que les grands. Leurs armes étaient surtout la raillerie : ils appelaient la ligue une *émeute de pommes de terre*, et ses chefs les *lords du coton* ; ils ne tarissaient pas en épigrammes qui allaient de salon en salon et descendaient de là dans leur clientèle. Néanmoins il fut aisé de voir, quelques mois plus tard, à qui resterait l'avantage dans ce duel prolongé. Un siège aux communes était vacant parmi les représentants de la Cité. Les conservateurs y portaient M. Baring, un nom éprouvé et qui se recommandait de lui-même. De concert avec les whigs, la ligue lui opposa M. Pattison, qui n'avait d'autre appui que ce choix. L'élection paraissait très chanceuse, quoiqu'à cette occasion le plus riche banquier de Londres, M. Samuel John Loyd, se fût rallié au libre échange par une souscription publique. On alla aux voix : M. Pattison l'emporta. Aucun événement ne pouvait être plus significatif.

M. Cobden y puisa l'une de ses idées les plus heureuses ; il en savait assez sur le parlement pour juger que, dans sa composition actuelle, il n'y avait rien à en attendre : comment y introduire des éléments nouveaux ? Il étudia le bill de réforme, et voici ce qu'il y découvrit rune clause qui, du nom de l'auteur, portait le nom de *clause Chandos* accordait le droit d'élection aux fermiers, qui, même sans baux, étaient censés payer un loyer de 50 livres. Bien des abus accompagnaient ce droit ; tous les parents d'un fermier se faisaient inscrire sur les listes comme associés à la ferme ; leur serment suffisait, et ils le prêtaient sans scrupule. Les conservateurs mettaient ainsi leur majorité hors d'atteinte dans les comtés. Toutefois à côté de cette clause il y en avait une autre datant de six siècles, et qu'on avait conservée dans le bill comme inoffensive ; c'était celle qui conférait l'aptitude électorale à tout individu possédant un bien libre d'un revenu de 40 shillings. Cette clause tombée dans l'oubli, M. Cobden entreprit de la faire revivre, et il s'en fit un redoutable instrument. Une nuée d'agents poursuivit, aux frais de la ligue, l'épuration et la modification des listes ; des noms étaient éliminés, d'autres inscrits, suivant la couleur. Le mot d'ordre était : « prenez qualité, faites-vous inscrire. » On exhortait jusqu'aux ouvriers à donner cette destination à leurs épargnes. 40 shillings de revenu représentaient un capital de près de 60 livres sterling, à la portée des plus modestes fortunes. La ligue se chargeait des frais d'inscription, et au besoin elle faisait des avances. Des pères de famille, des gens de métier répondirent à cet appel. Au bout de quinze mois, la besogne était assez avancée pour que la majorité fût déplacée dans trente-deux bourgs et neuf comtés. Cent autres bourgs restaient sous le coup d'un remaniement qui devait à la longue les détacher de leur ancien patronage.

Parallèlement à cet effort, on s'occupa du développement des ressources. Le fonds de 50, 000 livres était épuisé à 2, 500 livres près. Dix millions d'exemplaires de pamphlets, de publications de toute nature avaient été distribués ; l'on avait tenu sept cents réunions publiques, défrayé les députations dans cent cinquante-six bourgs, payé les locations, bâti la grande salle de Manchester, soldé en un mot les dépenses de l'agitation, qui s'élevaient à 47, 814 liv., comptes en main. Un troisième appel de 100,000 livres (2,500,000 francs) fut résolu, et tel était l'élan qu'en moins d'une semaine Manchester fournit pour sa part 21,000 livres. Dans les villes et les comtés voisins, en Angleterre comme en Écosse, l'empressement n'était pas moins grand : les recettes dépassaient toute attente. Pour la première fois le *Times* s'émut. Jusque-là il n'avait traité l'agitation que comme un badinage et parlé de la ligue que pour la bafouer : l'élection de Londres et la marche de la souscription publique amenèrent un de ces retours qu'il exécute à propos ; habitué à tâter l'opinion, il comprit de quel côté elle allait. « La ligue est un grand fait, dit-il ; bien fou serait celui qui en contesterait l'importance... Un nouveau pouvoir s'est élevé dans l'état. » Les autres feuilles se

Section II.

mirent à l'unisson, et il fut bientôt avéré que la ligue était à la fois un grand fait et un nouveau pouvoir. Qu'on la blâmât ou qu'on l'approuvât, il n'en fallait pas moins la reconnaître comme une expérience, consistante. Elle s'introduisait dans les rangs les plus élevés. M. Loyd lui restait fidèle, M. Marshall de Leeds, un des plus riches manufacturiers du pays, se rangeait sous ses drapeaux ; le marquis de Westminster joignait à son adhésion un envoi de 500 livres pour le fonds commun ; les comtes Radnor et Fitzwilliam s'étaient depuis longtemps ralliés, et lord Morpeth, avec l'autorité de sa parole et de son caractère, confessait à Wakefield sa foi aux doctrines du libre échange devant une réunion où trente-sept villes du West-Riding étaient représentées.

Le parlement seul résistait. À l'ouverture de la session de 1844, il fut aisé de voir que rien ne serait changé dans le régime en vigueur. Le discours de la reine se taisait sur la loi des grains, et lord John Russell ne releva cette lacune que pour insister sur l'établissement d'un droit fixe. Peu de jours après, M. Cobden réclama à son tour une enquête sur les effets du droit protecteur au point de vue des intérêts des cultivateurs et des fermiers. À l'appui, il citait un rapport des commissaires de la loi des pauvres, dans lequel les misères des campagnes étaient décrites avec autant de force que de vérité : ici, une chaumière avec une seule pièce où couchaient vingt-neuf personnes ; là, un ménage chargé de six enfants et vivant avec 8 shillings par semaine ; partout des privations inconnues, même dans les maisons de travail ouvertes aux indigents. Quelque émotion qui s'attachât à ces tableaux, la chambre des communes vit où une enquête pouvait la conduire, et ne se laissa pas entraîner. M. Cobden revint à la charge, et dans la session suivante il reproduisit sa motion en se fondant sur de nouveaux motifs. D'après lui, la protection était impuissante à garantir ceux en faveur de qui elle était instituée ; ils en infligeaient la charge à autrui sans en bénéficier eux-mêmes. Qu'étaient en réalité le fermier et le cultivateur ? Des manufacturiers comme les fabricants de fil et de toile, opérant les uns sur le sol, les autres sur des matières brutes. Dans les deux cas, le meilleur régime était un travail libre : en l'admettant pour les uns, il fallait l'admettre pour les autres ; l'enquête démontrerait clairement cette nécessité. Et comment hésiter à la reconnaître ? Ne s'agissait-il pas de la classe dont les conservateurs avaient pris la défense ? La question était la leur ; rien ne les empêchait de se l'approprier ; ils restaient les maîtres de donner à l'information le tour qui leur conviendrait. L'essentiel était de savoir si l'agriculture ne demeurait pas en arrière de ce qui se passait ailleurs, si elle se tenait à la hauteur des autres branches de l'activité régnicole, si elle obéissait ou résistait à l'esprit du temps, si elle admettait ou repoussait les procédés nouveaux qui avaient agrandi le domaine des industries manufacturières. Tel était en substance le langage de M. Cobden, si concluant dans sa modération, que la chambre et le premier ministre s'en montrèrent émus. Malgré les avances qui leur étaient faites, les conservateurs se tinrent sur leurs gardes, ils virent le piège : l'enquête fut encore repoussée, mais l'effet du discours n'en fut pas moins grand. Tiré à des millions d'exemplaires, il se répandit de maison en maison, de chaumière en chaumière.

Cette année 1845 fut féconde en surprises. Commencée en pleine sécurité pour les conservateurs, elle s'acheva dans une déroute complète. Au mois de février, quand le parlement s'ouvrit, sir Robert Peel était maître de la situation ; il pouvait agir ou s'abstenir ; ses plus grands embarras lui venaient de son propre parti. Après le trouble d'un premier essai, ses réformes avaient réussi ; le budget se soldait par un excédant, la consommation s'était accrue, l'industrie était en plein essor, la réduction des taxes avait abouti à de plus fortes recettes. Encouragé par ces résultats, il proposa et fit adopter des réductions nouvelles, raya du tarif 430 articles, dégreva les sucres, les cotons bruts, le verre et les charbons de terre. Sauf les grains, tout était refondu ; la liberté du commerce n'avait plus qu'un point à emporter ; le premier ministre lui livrait les autres à titre de gages. Les conservateurs ne s'y trompaient pas ; ils assistaient avec tristesse et avec dépit à la défaite de leurs principes ; ils se sentaient trahis, et les plus ardents d'entre eux n'épargnaient à leur chef ni les objections ni les sarcasmes. Dans le camp opposé, on acceptait les concessions sans tenir quitte celui qui les faisait. On appuyait sur l'omission des grains dans cette savante nomenclature. « Notre pain est taxé, disait-on, mais l'arsenic entre librement ; nous ne pouvons nous nourrir, mais nous pouvons nous empoisonner à bon marché. Si les os sont exempts de droits, la viande en reste frappée ; les animaux étrangers peuvent nous fournir leurs peaux, leur poil, leurs cornes, leur queue, tout, excepté leur chair. » Le premier ministre essuyait la mauvaise humeur des uns et l'ironie des autres sans se départir de la marche qu'il s'était tracée ; aller plus loin, c'eût été rompre avec les siens sans désarmer ses adversaires. Il ne devait toucher aux grains que sous l'empire d'une nécessité bien démontrée. Les agitations du dehors le fatiguaient sans l'ébranler. À mesure que la saison avançait, ces agitations devenaient plus intenses. Les fermiers s'y associaient ; on discutait dans les campagnes comme dans les villes ; on s'y prenait à maudire cette loi dont on se faisait naguère une planche de salut. À Londres même, le mouvement gagnait du terrain : un comité de dames s'y était formé pour renouveler l'expérience qui avait si bien réussi à Manchester. Un bazar fut ouvert avec un droit d'entrée et une vente des objets exposés. Le théâtre de Covent-Garden, transformé en salle gothique, reçut une collection d'objets qu'avaient généreusement fournis les villes manufacturières : des tissus de Manchester, des ouvrages de Colbroodale en fer et en fonte, des instruments agricoles et des aciers de Sheffield. Parmi les singularités figuraient une pièce de mousseline fabriquée par le père de sir Robert Peel, un gâteau monstre du poids de trois cents livres, et une mèche de cheveux de Walter Scott. Les devises du libre échange avaient été prodiguées sur les panneaux ; les portraits de MM. Cobden, Bright et Villiers se retrouvaient sur tous les murs, sur les étoffes, sur les bronzes, et jusque sur les articles des confiseurs. La foule accourut pour jouir du coup d'œil et faire des emplettes. L'exposition dura dix-sept jours, sans que la curiosité publique fût assouvie. La recette s'élevait à 25,000 livres (plus de 625,000 francs).

En même temps, lord John Russell recommençait les hostilités en proposant au cabinet huit points à résoudre, parmi lesquels se trouvait la question des grains ; de son côté, M. Villiers renouvelait sa motion. Sir Robert Peel n'eut pas de peine à battre l'un et l'autre, le premier en lui prouvant qu'à beaucoup embrasser il n'avait rien su étreindre, le second en l'invitant à renoncer à une proposition tant de fois condamnée. Cependant, vers la fin de la session, le langage du premier ministre était moins fier et moins hostile ; il se défendait plus mollement, il faisait des réserves, il éprouvait des scrupules. S'il se refusait aux conséquences du principe qu'il avait posé, il ne contestait pas qu'un jour, par la force des choses, ce principe ne pût être pleinement appliqué. C'est qu'il y avait alors dans l'air comme un présage d'événements prochains. Cette réforme, à laquelle résistaient les hommes, semblait être entrée dans des desseins plus hauts que les leurs. Au mois d'août 1844, quand le parlement se sépara, de vives inquiétudes régnaient au sujet des récoltes. La saison avait été humide et froide ; tous les fruits de la terre étaient en retard. On eût dit que la nature se mettait du côté de la ligue et la servait par ses rigueurs. Quelques semaines s'écoulèrent sans que le soleil réparât les dommages causés par ces intempéries. Sous cette influence, le blé monta rapidement ; de 47 shillings le quarter, il fut porté à 57 shillings. Ce n'était là que le moindre mal. En octobre, une nouvelle alarme se répandit dans le pays ; on parla d'une maladie mystérieuse qui venait de frapper la pomme de terre et de laisser sans ressources des populations qui n'avaient pas d'autre aliment. En effet, la pomme de terre manqua sur plusieurs points, en Écosse et en Angleterre dans quelques comtés, en Irlande dans tous les comtés. Un vide énorme allait se faire dans l'approvisionnement. Là-dessus un cri s'éleva : « Ouvrez les ports ! ouvrez les ports ! » disait-on de tous côtés. « Ouvrez, les ports ! répétait M. Cobden dans une réunion tenue à Manchester ; pourquoi tardez-vous tant à le faire ? L'Allemagne, la Turquie, la Russie vous en ont donné l'exemple ; que ne le suivez-vous ? Attendez-vous des Turcs une leçon de christianisme et des Russes une leçon d'humanité ? ou bien serait-ce que notre sultan à tous, le premier ministre, hésite dans la crainte de n'être pas appuyé par le pays ? S'il en doutait, nous sommes rassemblés ici pour l'assurer de notre concours. Qu'il ouvre les ports, il en a le pouvoir, il serait coupable de n'en pas user ! »

Combattu jusque-là, sir Robert Peel parut prendre un parti. Dans le commencement de novembre, le cabinet se réunit plusieurs fois. Les rapports sur l'état des récoltes furent examinés avec soin ; on ouvrit une enquête sur la situation des approvisionnements, on chercha à s'éclairer sur cette maladie inattendue qui allait faire de l'Irlande un pays d'affamés, on consulta les savants et les hommes du métier. Quelques détails sur ces séances transpirèrent dans le public. On sut que sir Robert Peel, qui proposait des mesures décisives, avait rencontré dans le conseil de graves dissentiments,

que trois de ses collègues s'étaient seuls rangés de son avis.
Quoi qu'il en soit, le conseil se sépara sans agir. Déjà les esprits
s'irritaient, quand une lettre de lord John Russell, rendue publique
et datée d'Edimbourg, éclata comme un coup de foudre. La lettre
de lord John était un abandon formel de ses anciennes opinions
au sujet d'un droit fixe sur les grains. On sait quelles en furent
les conséquences : la démission de sir Robert Peel, présentée le
8 décembre ; l'hésitation de lord John Russell à se charger du
pouvoir ; enfin la rentrée aux affaires de sir Robert, dont tous les
collègues, excepté lord Stanley, acceptaient le plan de réforme. Dès
ce moment, la ligue aurait pu laisser les événements suivre leur
cours ; la victoire était sûre au prix de quelques délais. Cependant
son conseil exécutif ne déposa pas les armes, il se crut obligé à un
dernier effort : M. Cobden en expliqua le motif. « Quel que soit,
dit-il, le ministre qui se charge de la défense de nos principes, nous
lui devons notre appui. Peu importent son opinion et son parti ; dès
qu'il est avec nous, il est des nôtres ! » Séance tenante, de nouvelles
résolutions furent adoptées. Un quatrième appel avait été fait pour
un fonds de 250,000 livres sterling (7 millions de francs) ; on en
pressa le recouvrement pour défrayer, au besoin, les plus grandes
dépenses : 60,000 livres furent souscrites immédiatement ; au bout
d'un mois, on atteignait 150,000 livres. L'élan, il faut le dire, était un
peu artificiel : on voyait arriver les hommes, de la dernière heure ;
ceux qui vont vers le succès et épousent les causes quand elles sont
gagnées. Les sacrifices d'ailleurs n'étaient qu'éventuels, tandis que
les vétérans de l'agitation avaient fait les leurs sans pensée de retour
et sur des espérances bien douteuses. Dans les réunions mêmes, on
était frappé de l'attitude des nouveau-venus, qui cherchaient, par
des excès de zèle, à relever une adhésion un peu tardive. Comme
toutes les puissances, la ligue avait des parasites et des officieux ; il
était temps que le dénouement vînt l'en délivrer.

Quand le parlement se rassembla le 19 janvier 1846, tous les
visages exprimaient l'attente et la préoccupation. La reine l'ouvrit en
personne ; elle parla de l'insuffisance des récoltes et de la nécessité
d'y porter remède. Dans la chambre haute, les personnalités ne
furent pas ménagées ; le duc de Richmond demanda avec aigreur
pourquoi M. Cobden n'était pas nommé pair et n'occupait point le
banc de la trésorerie. Aux communes, sir Robert Peel déclara qu'au

Louis Reybaud

sujet des grains son opinion avait subi un changement complet. Accueillies par les applaudissements de l'opposition, ces paroles ne rencontrèrent que le silence sur les bancs ministériels. On attendait ses propositions ; il les développa à quelques jours de là. La chambre était au grand complet ; le prince Albert et le duc de Cambridge assistaient à la séance. Le premier ministre entra dans les détails. Après quelques réductions annoncées sur divers articles, il en vint aux grains ; après trois années d'un régime mitigé et provisoire, ils devaient être complètement affranchis. Est-il besoin de rappeler comment furent accueillis ces projets de réformes et la vive irritation qu'ils provoquèrent parmi les anciens amis du ministre ? Jamais langage plus irritant, jamais attaques plus personnelles ne vinrent frapper un homme sur son siège. Les mots de transfuge, d'apostat, volaient de bouche en bouche. Sir Robert Peel supporta le choc sans faiblir ; aux personnalités il n'opposa que le dédain, et se borna à justifier ses mesures par les considérations les plus élevées. Trois admirables discours remplirent ce débat et resteront comme des monuments de dignité, de sagesse et d'éloquence.

Dans le cours de la discussion, les membres de la ligue qui siégeaient au parlement crurent qu'il était de bon goût de s'effacer. La question était bien celle qu'ils avaient conduite à maturité, mais elle s'agitait au-dessus de leurs têtes et à leur profit. M. Bright et M. Cobden parlèrent néanmoins et avec un certain à-propos, le premier pour rendre hommage au chef du cabinet, le second pour combattre une manœuvre et vider un fait personnel. Sir Robert Peel venait de prononcer un des plus beaux discours qu'eût entendu la tribune anglaise. Après avoir rappelé les avantages de position et les motifs de supériorité qui plaçaient sa nation en avant des autres, il se demandait si ce n'était pas le cas de faire acte de libéralité et de se soumettre aux chances de la concurrence. On pouvait échouer ou réussir à demi ; l'honneur n'en restait pas moins grand. Aucun spectacle n'était plus digne de respect. Si d'autres misères survenaient, on aurait du moins la conscience d'avoir tout fait pour les conjurer. « Est-ce que vous ne direz pas alors avec une joie profonde, ajoutait-il en terminant, qu'aujourd'hui, à cette heure de prospérité comparative, sans céder à aucune clameur, à aucune crainte, si ce n'est à cette crainte prévoyante qui est la mère de la sûreté, vous avez prévenu les mauvais jours, et que, longtemps avant leur venue, vous avez écarté tout obstacle à la libre circulation des dons du Créateur ? » Ce fut à cette péroraison, admirée de tous, que M. Bright crut devoir rendre publiquement justice. « L'honorable baronet, dit-il, a prononcé hier un discours d'une éloquence qui jamais dans cette chambre n'a été surpassée ; je l'ai observé à sa sortie, et pour la première fois je lui ai envié ses sentiments. C'est vous, messieurs, — et il s'adressait aux conservateurs, — qui l'avez porté au pouvoir. Pourquoi ? Parce qu'il était le plus capable de votre parti. Vous le disiez tous, vous ne le nierez pas aujourd'hui. Et pourquoi était-il le plus capable ? Parce qu'il avait une plus grande expérience, des connaissances profondes et une honnête sollicitude pour le bien du pays... C'est quelque chose que d'avoir à répondre du pouvoir. Portez vos regards sur les populations du Lancashire et du Yorkshire, et malgré toute votre vaillance, quoique vous parliez sans cesse de lever le drapeau de la protection, demandez-vous à vous-mêmes s'il y a dans vos rangs des hommes qui veuillent aller occuper ce banc où siège l'honorable baronet à la condition de maintenir la loi sur les grains. Je les en défie ! » L'éloge était heureux, le défi habile ; le double trait porta. M. Cobden ne montra pas moins de tact. Des conservateurs s'étaient retranchés dans une sorte d'appel au peuple ; ils demandaient des élections nouvelles pour consulter l'opinion : pure tactique, afin de gagner du temps. Le chef de la ligue la démasqua. « Vous voulez, dit-il, une dissolution, vous parlez de vous adresser au pays : est-ce bien sérieusement ? Des idées aussi démocratiques ne vous sont pas habituelles. Tenez, je connais le pays aussi bien qu'aucun de vous, et je vous affirme en son nom qu'il ne vous donnerait pas la majorité. Votre parti y est en pleine dissolution. Il y a bien encore dans les comtés du nord Une phalange qui vous est acquise, mais elle appartient plus au premier ministre qu'elle ne vous appartient. Combien des vôtres se sont ralliés à la liberté du commerce ! Combien m'ont dit : « Sir Robert Peel nous la donnera ! » Mais j'admets, par hypothèse, que vous ayez une majorité. Voyons ce que serait cette majorité, voyons, en même temps quelle minorité vous auriez en face. » Et M. Cobden mit alors au défi les conservateurs de rallier à leurs opinions une seule ville de plus de vingt mille âmes. Des rires et des dénégations accueillant ses paroles : « Bon, répondit-il, riez

Louis Reybaud

maintenant comme les enfants sifflent dans un cimetière pour se donner du courage ! Je vous répète qu'aucune ville de vingt mille âmes ne sera pour vous. Il est bien vrai que vous avez vos bourgs de poche et vos nominations de comtés. Supposons encore que ces comtés et ces bourgs vous fournissent une majorité de vingt ou de trente membres ; mais d'un côté seront les représentants de Londres et de toutes les grandes cités, des comtés les plus riches et les plus industrieux ; de l'autre ceux de vos Ripons, Stamfords, Woodstooks, Marlboroughs et autres méchantes bourgades : croyez-vous que vous vous sentiriez en force pour maintenir, malgré le vœu du pays, des lois qui prélèvent sur ses aliments une taxe désormais condamnée ? Non, vous n'y tiendriez pas une semaine, et vous seriez obligés de nous ouvrir les portes toutes grandes pour vous donner ce qui vous manque et vous manquera toujours, la puissance de l'opinion ! »

Après dix-sept jours de discussion acharnée et à la suite des trois lectures, la chambre des communes adopta, à 98 voix de majorité, le plan de sir Robert Peel ; 106 conservateurs seulement se rangèrent de son côté ; les autres, au nombre de 222, se séparèrent ouvertement de lui. Les whigs et les radicaux lui furent en revanche fidèles, et on le conçoit : le ministre avait fait leurs affaires et ne triomphait que sur les débris de son propre parti. À la chambre des lords, les mesures passèrent à une majorité de 47 voix sur un discours de lord Wellington. Le plan de sir Robert Peel avait traversé toutes les épreuves ; le 26 mai 1846, il devenait la loi du pays. Désormais sir Robert Peel et M. Cobden devaient faire assaut de bons procédés. À cinq semaines de là, sir Robert Peel expiait sa victoire ; la majorité à laquelle il avait fait violence se reformait contre lui à propos, d'un bill sur l'Irlande. Lord Bentinck la ralliait à grand renfort d'invectives ; il conviait ses amis, dans un langage amer, à chasser le ministre du pouvoir ; il voulait le laisser seul ou presque seul entre la défection des siens et l'abandon des whigs, qui déjà prenaient leur revanche. M. Cobden votait avec ces derniers, mais il ne voulut pas que le motif de ce vote fût dénaturé. Il répondit à lord Bentinck : « Le noble lord nous a dit avec franchise que le but de la majorité qui va se former était de faire justice du très honorable baronet pour sa politique durant cette session. Il a dit, si je ne me trompe, que tout honnête homme devait vouloir punir le traître, quoique la trahison pût plaire à quelques-uns… Je répudie pour moi et pour beaucoup d'autres honorables membres cette fausse et injuste interprétation de notre vote. Nous agirions en contradiction choquante avec l'opinion populaire, si nous acceptions une telle apparence vis-à-vis de l'honorable baronet… Il montre une grande modération en ne se prévalant pas de la force qu'il possède au dehors pour prendre au mot ses adversaires et en appeler au jugement du pays. S'il ne le fait pas, je suis certain que j'exprime le sentiment du peuple en offrant à l'honorable baronet mes remerciements profonds pour l'infatigable persévérance, l'inébranlable fermeté et l'habileté incomparable avec lesquelles, pendant ces six derniers mois, il a conduit à travers cette chambre une des plus magnifiques réformes qui aient jamais été accomplies chez aucune nation.»

Tombé noblement du pouvoir, sir Robert Peel resta sensible à ce langage et saisit la première occasion pour le témoigner. Trois jours après, il résignait ses fonctions et prononçait devant la chambre émue et captivée son discours d'adieux. Après avoir rappelé ses actes avec simplicité, exposé quelles en étaient les intentions et les conséquences, il ajouta : « J'ai dit naguère et sincèrement qu'en proposant mes mesures de liberté commerciale, je ne voulais nullement enlever à d'autres le mérite qui leur en revient ; je dirai pour les honorables membres qui siègent en face de moi, comme je le dis pour moi-même et pour mes amis, que ce n'est ni à moi-même, ni à eux, ni à nous, qu'appartient l'honneur de cette œuvre. Des partis en général opposés se sont unis : cette union et l'influence du gouvernement ont amené le succès de nos mesures ; mais le nom qui doit être placé en tête de ce succès ne doit être ni celui du noble lord qui dirige le parti dont nous avons eu le concours, ni le mien ; c'est le nom d'un homme qui, par des motifs purs, je crois, et avec une incessante énergie, a fait appel à notre raison à tous et nous a forcés de l'écouter par une éloquence d'autant plus admirable qu'elle était sans prétention et sans ornement : c'est le nom de Richard Cobden ! »

La loi une fois votée, qu'allait faire la ligue ? En d'autres pays, on n'eût pas renoncé de plein gré à un levier semblable ; on en eût varié et forcé l'emploi. Ses chefs ne commirent pas cette faute ; ils avaient réclamé jusqu'au bout l'affranchissement immédiat, ils eurent le bon sens d'accepter l'affranchissement à terme comme une satisfaction suffisante. Le conseil exécutif, assisté de nombreux délégués accourus de tout le royaume, tint à Manchester, le 2 juillet, une dernière et solennelle séance. M. George Wilson, qui l'avait si longtemps et si dignement présidée, résuma les opérations de la ligue depuis ses débuts jusqu'à son triomphe. M. Cobden rendit justice aux hommes qui y avaient contribué et avant tout à sir Robert Peel, qui, en perdant son portefeuille, avait fait la conquête du pays. « Pour ma part, dit-il, j'aimerais mieux rentrer dans la vie privée comme il l'a fait que de monter au plus haut degré du pouvoir humain. » Il termina en demandant que les opérations de la ligue fussent closes dans le plus bref délai possible. M. Bright appuya la motion, qui passa à l'unanimité. Des détails de conduite furent ensuite réglés ; on prit des précautions contre les surprises ; le conseil restait juge de l'opportunité d'une reconstitution, et l'un des membres présents s'écria à ce sujet qu'il serait prudent de la part des ligueurs de garder leur poudre sèche. On ne renonça ni à la surveillance des listes, ni à l'influence exercée sur les élections. Ces points arrêtés, on fit la part de la reconnaissance. Une somme de 10,000 livres sterling fut offerte au président pour ses inappréciables services, et chacun des membres du conseil eut un service d'argent pour le thé et le café. Vis-à-vis de MM. Cobden et Bright, le témoignage prit la forme d'une souscription publique dont l'élan fut merveilleux : M. Bright reçut en don une magnifique bibliothèque, M. Cobden 75,000 livres sterling (près de 2 millions) recueillies à son intention. C'étaient de nobles récompenses, galamment offertes, dignement acceptées, relevées par l'intention et ayant le double mérite de la générosité et de l'empressement.

Ces actes étaient un adieu. Immédiatement après, le président déclara au milieu d'un profond silence que la ligue était conditionnellement dissoute. Ce congé ne fut pas reçu sans émotion par ces cinq cents délégués qui, dans une cause commune, avaient pris l'habitude de se voir et de se concerter. Dans le nombre, il y en avait beaucoup qui, d'après le conseil donné, se promirent de tenir leur poudre sèche. Cette poudre resta sans emploi ; la guerre était bien finie. Trois ans après, le 31 janvier 1849, deux mille personnes se réunissaient pour un banquet dans la salle de Manchester : les principaux chefs de la ligue, MM. Cobden, Bright, George Wilson, y assistaient ; c'était la veille du jour où le droit allait être aboli. Des discours suivirent le repas et se succédèrent dans le cours de la soirée ; personne ne quitta la place. Cinq minutes avant minuit, la musique joua l'air populaire de la ligue : *Le bon temps vient!* et l'assemblée le répéta en chœur. Quand l'horloge eut sonné les douze coups, le président commanda le silence : « Le bon temps est venu, » dit-il. D'interminables applaudissements accueillirent ces mots ; on entrait dans la période d'affranchissement du commerce des grains.

Section III.

Voici plus de onze ans que ce régime est en vigueur : quelles en ont été les conséquences ? Elles ont dépassé ce que ses plus fervents défenseurs s'étaient promis et ce qu'ils avaient annoncé au public avec une assurance qui semblait téméraire. La liberté, mise à l'essai, a étonné jusqu'à ceux qui doutaient le moins d'elle. Ils avaient prédit que, sous son empire, il n'y aurait de dommage pour personne, et que sur tous elle étendrait ses bienfaits, que les fermiers et les propriétaires, qui voyaient leur ruine imminente, ne seraient pas les derniers à en profiter, que l'industrie s'y retremperait, que le commerce et la navigation y prendraient un incalculable essor, que, par l'effet d'une activité plus grande et d'un emploi plus soutenu des bras, on verrait les salaires s'élever, le nombre des pauvres s'amoindrir, les crimes décroître, l'instruction se répandre, la mortalité diminuer, l'émigration se réduire, enfin le revenu public grandir en prenant une meilleure assiette. Toutes ces conjectures se sont trouvées justes : le temps n'en a démenti aucune, les faits sont même allés au-delà. Et qu'on ne dise pas que ce sont là des présomptions, des assertions sans preuves, des exagérations de langage ! Un document distribué en 1859 à la chambre des communes permet d'établir au vrai la situation. Ce document comprend en détail le mouvement de la richesse en Angleterre de 1844 à 1858 inclusivement, dans tous ses modes, dans toutes ses branches. C'est l'inventaire du régime de la protection mis en regard de celui d'un régime de liberté graduelle. Le rapprochement est significatif : il est à sa place dans une étude où l'on cherche non-seulement à raconter la vie d'un homme, mais à préciser la valeur d'un système.

Il faut s'en tenir aux chiffres les plus saillants. Pour le revenu public, la progression se mesure sur les besoins ; on ne demande à l'impôt que les ressources nécessaires aux dépenses de l'état. En 1844, le revenu est de 54,003,753 livres sterling, il s'élève à 61,812,555 livres en 1858. Pendant ce temps, les charges annuelles de la dette ne se sont point accrues. Le capital, il est vrai, s'est élevé de 787, 598, 145 livres à 804,445,483 livres : les guerres de Crimée, de l'Inde et de la Chine expliquent cet accroissement de 16,847,338 livres (421 millions environ), tandis que nous empruntions plus de 2 milliards pour une destination analogue ; mais, d'un autre côté, le budget anglais ne demandait plus, en 1858, que 28,751,479 livres pour les intérêts et l'amortissement, tandis que le même service exigeait, en 1844,30,495,459 livres. L'allégement tient aux conditions des emprunts et au mécanisme de l'échiquier. Sur l'importation, il y a une lacune dans le document dont je m'appuie. Avant 1854, les chiffres manquent ; dans un document antérieur, les importations figurent, en 1842, pour 65,200,000 livres : elles sont, en 1854, de 152,389,053 ; en 1858, de 163,795,803 liv. Le mouvement de l'exportation est présenté avec plus de détail ; on a les états de toute la période. En 1844, le point de départ consiste dans une exportation de 58, 534, 705 livres, total déjà élevé, si on le compare à celui de 1842, exceptionnel, il est vrai, et qui n'est que de 47,300,000 livres. De 1844 à 1848, le chiffre reste stationnaire, il descend même à 52,849,445 livres dans cette année d'ébranlement européen ; mais à partir de 1849, date des grandes franchises, il monte à vue d'œil : 71,367,385 en 1850, 78,076,854 en 1852, 98,933,781 en 1853. La rupture avec la Russie et les débouchés qu'elle supprime ne l'arrêtent même pas ; il garde à peu près son niveau jusqu'en 1856 et 1857, où il monte à 115,826,948 et à 122,086,107 livres. En 1858, en pleine crise commerciale, il est encore de 116,614,331 livres. L'écart entre le moindre chiffre et le plus fort est de 75,786,107 pour 1842 et de 63,551,402 pour 1844 ; 2 milliards dans le premier cas, 1,600 millions dans le second ! Quel surcroît de travail et de salaires ces rapprochements représentent ! Après avoir défrayé les besoins du pays, l'activité des régnicoles, moins contenue, mieux encouragée, a versé sur tous les points du globe cet incroyable excédant de produits. L'industrie des transports marche du même pas ; le transit d'une valeur en nombres ronds, de 2 millions de livres en 1851, passe à 4,500,000 livres en 1858 ; le tonnage des bâtiments, de 10,346,769 tonneaux en 1844, à 23,178,792 tonneaux en 1857 et 22,309,981 en 1858 ; les constructions navales, de 689 navires à voiles et à vapeur en 1844, à 1,278 en 1857 et 1,000 en 1858 : réponse péremptoire à ceux qui avaient annoncé qu'en renonçant à certains privilèges de navigation, l'Angleterre signait la condamnation de sa marine !

Ce travail de comparaison prend un intérêt plus vif encore quand on l'applique au sort des populations. Y a-t-il eu dans les naissances, dans les habitudes morales, dans le chiffre de la mortalité, dans l'état des pauvres, dans les institutions de prévoyance, dans le nombre des délits et des crimes, un mouvement en plus ou en moins qui corresponde à celui de cette fortune extérieure ? Le document officiel de 1859 est explicite là-dessus, il suffit de le citer. Le chiffre de la population s'est constamment accru : il était, en 1844, de 16,520,000 pour l'Angleterre, de 3,004,290 pour l'Écosse ; en 1858, de 19,523,000 pour l'Angleterre, de 3,093,000 pour l'Écosse. Sur l'Irlande, le document se tait ; on sait quels vides y ont causés plusieurs années de famine. Le nombre des pauvres, malgré une population accrue, a diminué sensiblement : il était, en Angleterre, dans les maisons de travail ou au dehors, de 934, 419 en 1844, en 1858 de 857,003 ; en Écosse, de 82,357 en 1844, en 1858 de 79,199. Pour l'Irlande, les états où je puise constatent bien les violentes vicissitudes de ses destinées. En 1851, on y comptait 620,747 pauvres ; ce nombre était réduit à 44,866 en 1858. Il convient d'ajouter que le mot de pauvre n'a pas en Angleterre la même signification qu'ailleurs ; nulle part on ne supporte la pauvreté volontaire avec une tolérance plus voisine de l'encouragement. L'émigration n'affecte plus ces proportions alarmantes qui la portaient à 368,000 âmes en 1852 ; elle n'est, en 1858, que de 113,972 âmes. Le nombres des délits et des crimes s'est également réduit : il était, pour l'Angleterre et le pays de Galles, de 18,919 en 1844 ; il n'est, en 1858, que de 13,246. L'Écosse reste à peu près stationnaire ; l'Irlande, au contraire, obéit aux variations qui résultent de ses cruelles épreuves : de 20,767 condamnations, politiques pour la plupart, qui la frappent en 1850, elle descend à 2,940 en 1858. Les caisses d'épargnes ont aussi leur progression, lente, mais suivie : de 29,504,861 livres en 1844, elles passent à 36,109,409 en 1858. Enfin les décès et les naissances se mettent en équilibre avec l'accroissement de la population dans une moyenne qui est de 1 sur 45 habitants pour les premiers et de 1 sur 35 pour les secondes, moyenne supérieure dans les deux cas aux moyennes ordinaires.

Ainsi cette révolution économique a produit, avec une évidence frappante, des fruits supérieurs à ceux qu'on en attendait. Elle a, par des usurpations heureuses, agrandi son domaine et ranimé le sentiment moral là même où l'on n'avait en vue que la satisfaction matérielle. Non-seulement elle a créé de nouvelles richesses, mais elle les a distribuées plus équitablement. Elle se fondait sur ce qui apaise et touche le plus les hommes, un retour à la justice ; elle leur accordait ce qu'ils poursuivent par instinct, même au prix des orages, l'égalité de traitement. Elle a introduit dans le régime des intérêts un principe qu'on ne pourra plus méconnaître sans dommage ni sans péril, et qui peut se résumer en quelques mots : abandonner l'activité privée et publique à son cours naturel pour en tirer tout l'effet utile. Il semble que ce soit là une besogne aisée : aucune n'est plus rude ni plus remplie d'embarras. Tant de gens prétendent vivra aux dépens d'autrui qu'un gouvernement, si bien inspiré qu'il soit, ne peut toujours se défendre de certaines obsessions. Il lui faut un certain effort pour écarter l'essaim des parasites et dominer leurs murmures, pour voir, au-dessus et au-delà des griefs particuliers, ce qui importe à la généralité et ce qu'il est opportun de faire. Les ministres anglais ont eu ce courage et ce bon sens : aucun, depuis sir Robert Peel, n'a dévié du chemin que cet homme illustre avait tracé d'une main ferme et à ses dépens. Il n'y a plus en Angleterre deux doctrines à ce sujet ; il n'y en a qu'une, c'est la sienne. La protection a été inhumée dans la même tombe que la loi des grains. Comme l'a dit récemment M. Gladstone, elle habitait autrefois un palais ; aujourd'hui on la déloge des recoins. Depuis dix ans, la politique commerciale de l'Angleterre est conforme à cette donnée. On a ouvert les portes de plus en plus grandes, dégrevé les subsistances, les objets manufacturés, les matières brutes, de manière à offrir au travail de l'homme un champ plus libre et plus d'occasions de s'exercer. On n'a pas calculé si telle ou telle industrie aurait à en souffrir, si

Section III.

quelques-unes ne succomberaient pas à l'épreuve ; on les a toutes condamnées à ne compter que sur elles-mêmes, à se protéger par leurs seuls efforts, à combattre à découvert, quelles que fussent les chances du combat. C'est ainsi que le tarif a été émondé constamment et, on peut le dire, implacablement ; c'est ainsi qu'on en a retranché les branches gourmandes qui épuisaient la sève au préjudice du fruit. En 1845, le nombre des articles soumis aux droits de douane était de 1163 ; en 1853, ce nombre était descendu à 466, en 1859 à 419 ; dans le budget de 1860, il tombe à 48 articles, dont 15 seulement essentiels et les autres nominaux. Les 15 articles de produit sont le sucre, le thé, le tabac, le café, le vin, les bois de construction, etc. ; les autres ne sont maintenus au tarif que pour balancer des taxes intérieures. Tout ce qui reste en dehors de ces 48 articles entrera désormais en pleine franchise. Qu'on l'approuve ou non, il faut reconnaître que cette manière d'agir a une certaine grandeur et un remarquable esprit de suite. Ce qu'en font nos voisins n'est pas pour autrui, mais pour eux ; ils croient se protéger en se découvrant : c'est exactement l'inverse de ce que l'on voit ailleurs. Et tandis qu'ailleurs on procède par hypothèse, ils s'appuient, eux, sur l'expérience. Ils ont vu ce que la liberté coûte et ce qu'elle produit ; connaissant sa vertu, ils se l'appliquent à de plus fortes doses. Personne ne les y pousse, personne ne les imite ; ils n'en persistent pas moins. Ils voient que les dégrèvements de taxe portant sur de certains objets aboutissent, après un bref délai, à de plus fortes rentrées de taxes ; ils dégrèvent. Ils voient que la suppression d'autres droits répand le bien-être et calme les agitations populaires ; ils les suppriment. Ils voient enfin que le pays porte avec aisance les plus lourds fardeaux, des armements ruineux, les frais de querelles lointaines, les dépenses exorbitantes qu'exigent le renouvellement du matériel naval, l'entretien de la milice, l'augmentation des troupes soldées, le complet état de la défense des côtes, et ils se disent qu'un système qui a rendu ces sacrifices possibles sans ébranler la richesse publique, sans troubler le crédit, est une de ces bienfaisantes inspirations qui arrivent aux peuples qui en sont dignes et qui savent en tirer parti.

Il n'est pas jusqu'aux violents adversaires de la réforme qui n'aient été désarmés par le spectacle de ces faits. Vainement chercherait-on aujourd'hui, parmi les fermiers et les propriétaires du sol, un

Louis Reybaud

homme qui voulût en revenir au régime dont ils ont si longtemps plaidé la nécessité. Comment ce retour d'opinion a-t-il eu lieu ? Par la meilleure des leçons, celle de l'essai. L'agriculture, quoiqu'elle s'en défendît, s'endormait dans la routine. Menacée par la concurrence étrangère, elle s'est réveillée ; elle a, comme on le lui conseillait, appliqué au sol les procédés de la manufacture ; elle a mieux étudié l'instrument qu'elle avait entre les mains, elle en a vu les points défectueux, les a corrigés, et, à l'aide du capital et du travail, a augmenté le produit en diminuant la dépense. Sur ses propres fonds ou avec les prêts que le parlement avait consentis, elle a drainé les terres, assaini les palus, attaqué les landes, varié ses cultures, amélioré ses méthodes, vérifié le mérite de ses exploitations par le contrôle d'une comptabilité régulière. De là une force, une vigueur dont elle n'avait pas la conscience, et qui la constituent en profit là où naguère elle n'avait que des pertes. Ainsi armée, elle a attendu ces denrées exotiques dont elle croyait avoir tant à redouter. De ce côté-là se produisait le phénomène contraire. Ces greniers du dehors, que l'on présumait inépuisables, n'avaient à offrir que des approvisionnements limités. Avilis quand ils étaient peu demandés, les grains se relevèrent par l'effet de demandes soutenues, et il fut bientôt visible que l'équilibre s'établirait entre les marchés de provenance et les ports de destination. C'est une loi constante qui des livres a passé dans les faits. L'agriculture anglaise produisant à plus bas prix, les pays étrangers vendant plus chèrement ont fini par trouver leur point de rencontre. Personne n'y a perdu, tout le monde y a gagné, la France plus que qui ce soit en versant dans les entrepôts du Royaume-Uni les excédants de ses récoltes de l'ouest. Les subsistances de l'Angleterre étaient assurées sans qu'elle eût rien compromis, rien sacrifié. Elle a pu recevoir jusqu'à dix millions de quarters de grain dans une année sans que les prix de ses marchés aient fléchi de manière à mettre en échec sa richesse rurale. En 1835, en plein privilège, les blés étaient descendus jusqu'à 39 shillings le quarter ; avec la liberté, ce prix ne s'est rencontré qu'une fois, en 1850 ; depuis lors, les blés se sont constamment tenus plus haut, 53, 72, 74, 69 shillings, suivant l'état des récoltes ; en 1848, en pleine abondance, on payait le quarter 44 shillings. L'agriculture ne saurait se montrer mécontente de ces prix, accompagnés de rendements supérieurs, et d'autre part la population y acquiesce ;

Section III.

elle sait qu'elle paie les choses ce qu'elles valent, rien de plus, rien de moins ; elle n'a plus motif de s'en prendre à personne, et la plainte cesse là où cesse l'abus. L'accord s'est fait ; l'usage de la liberté en a donné le goût à ceux qui y résistaient le plus.

Section IV.

M. Cobden et ses amis pouvaient être fiers d'une révolution qui était en grande partie leur œuvre ; il semblait qu'ils n'eussent plus qu'à la voir tranquillement se développer. Un souci leur restait pourtant, et ils ne s'en cachaient pas. Cette richesse naturellement venue ne pouvait être féconde qu'à la condition d'un bon emploi. Ils craignaient surtout qu'on ne la dissipât dans les fantaisies que se permettent les états où les ressources abondent, dans la guerre principalement, de toutes les fantaisies la plus coûteuse. Ils avaient à ce sujet des idées aussi arrêtées, aussi absolues que celles dont ils s'étaient inspirés pour la réforme des tarifs. De là une campagne nouvelle qui fut une série d'échecs, comme l'autre avait été une série de victoires. Dans la première, ils suivaient le courant de l'opinion ; dans la seconde, ils voulaient le remonter. Était-ce le cas, après avoir gagné une bonne partie, d'en engager une mauvaise ? Ne valait-il pas mieux, sinon pour soi, du moins pour la cause commune, garder intactes l'influence et l'autorité acquises ? N'y avait-il pas de l'imprudence au moins à quitter le terrain solide des faits pour se jeter dans les spéculations imaginaires ? En parlant du travail, de ses lois, de ses conditions, M. Cobden et ses amis étaient dans leur sujet ; ils en connaissaient la langue, les éléments ; ils avaient pour eux l'expérience et le droit, ils défendaient leur domaine. Dans les redoutables questions de paix et de guerre, ces avantages s'effaçaient ; ils n'avaient plus ni la même force, ni les mêmes titres, ils couraient vers les aventures, eux qui jusqu'alors s'en étaient si bien défendus ; ils montraient une prétention plus haute que leur nom et leur crédit. Qu'apportaient-ils à cette éternelle dispute, où les plus robustes intelligences ont bronché ? Quelques vues morales, une pensée chrétienne, des calculs ingénieux, tout ce que la tribune et la chaire ont répété bien des fois, et avec une éloquence toujours déçue : rien de nouveau dans tout cela, même en y faisant à l'intérêt une part plus grande qu'au sentiment.

Louis Reybaud

Cette fois les rôles changèrent, à ce qu'il paraîtrait. M. Bright prit le commandement, M. Cobden ne vint qu'en second ; l'autorité se déplaçait. Pour bien juger M. Bright, il faut se souvenir de ce qu'il est, un quaker, et un quaker convaincu. C'est ainsi seulement qu'on s'explique ces discours si étranges de la part d'un Anglais, et où, se faisant l'homme de toutes les nations, il affecte de n'être pas de la sienne. La croyance chez lui domine l'opinion : il ne voit dans le monde que des frères unis en Dieu et victimes ici-bas de séparations artificielles ; il n'admet et ne veut admettre de justice que dans la paix ; il refuse formellement aux peuples le droit de s'entre-tuer. Il est de la même église que l'un de ces fiers Américains qui disaient à Voltaire : « Nous n'allons jamais à la guerre ; ce n'est pas que nous craignions la mort, mais nous ne sommes ni loups, ni tigres, ni dogues, mais humains, mais chrétiens. » Ses discours sont comme lui, tout d'une pièce, plus sincères que polis. Sa conscience lui fait-elle un appel, il obéit et va droit au but comme un boulet ; aucune puissance humaine ne saurait l'en détourner. Ne lui demandez pas ces ménagements dans lesquels les opinions s'enveloppent : il les dédaigne ; il a des formes qui n'appartiennent qu'à lui, une franchise qui touche à la crudité, une originalité et une éloquence qui captivent même quand elles choquent. D'ambition, il n'a que celle de dire ce qu'il pense et ce qu'il sent ; de politique, il n'en sait pas de meilleure que celle dont la Bible lui a livré les secrets. Qu'on le trouve compromettant, maladroit, dangereux, peu lui importe, pourvu qu'il ne se démente en rien et demeure conforme à lui-même. Il est quaker en un mot, ami de la paix coûte que coûte, et disposé, pour la maintenir, à beaucoup d'accommodements.

M. Cobden est aussi un ami de la paix, mais avec des réserves et sans esprit de secte. La réflexion et le calcul l'ont conduit où la croyance a conduit M. Bright. Volontiers il serait resté en-deçà, si son compagnon d'armes y eût consenti ; il n'a marché que par entraînement. Cependant, bien que le but fût commun, les allures ont été différentes ; les deux partisans de la paix ne l'ont été ni de la même manière ni par le même motif. L'esprit positif de M. Cobden ne s'est pas entièrement éclipsé dans cette chasse aux chimères ; il en a du moins raisonné de sang-froid, sans trop d'illusions ni d'écarts, et en citoyen anglais plus qu'en citoyen de l'univers. Sa préoccupation principale était ce précieux argent qui s'en va et s'en ira toujours dans ces gouffres sans fond que l'on nomme la marine et l'armée. Il cherchait à déterminer par des chiffres précis ce que coûtent aux peuples, année par année, période par période, cette terrible manie qu'ils ont de s'attaquer de temps à autre, et par suite la nécessité où ils se trouvent de se tenir constamment sur un pied de défense. Ces recherches le laissaient dans une inquiétude incurable sur les finances du pays, inquiétude que les événements n'ont que trop justifiée. De 13,961, 245 livres allouées en 1844, les services de terre et de mer sont arrivés en 1860 à 29,700 livres, sans compter les deux budgets de guerre de 1855 et 1856, — l'un de 48,392,045 livres, l'autre de 78,113,055. Si les recettes ont augmenté, les dépenses ont augmenté dans une proportion incomparablement plus forte, et M. Gladstone a dû dire récemment à la chambre des communes, en forme d'avertissement : « Entre les années 1842 et 1853, l'accroissement de la richesse générale a été dans la proportion de 12 pour 100 et l'accroissement des dépenses publiques dans la proportion de 8 3/4 pour 100. Entre les années 1853 et 1859, la richesse, prenant un bel essor, s'est bien accrue de 16 1/2 pour 100 ; mais les dépenses ont augmenté de 58 pour 100. Telle est la situation en toute sincérité. » Devant de pareils chiffres, comment se défendre d'un peu d'humeur ? comment ne pas remonter à la cause de ces sacrifices ?

La justice est en cela d'accord avec l'intérêt ; M. Cobden s'est efforcé de l'établir par des preuves historiques. Il a choisi pour exemple cette déplorable prise d'armes de 1793, qui, sauf de courtes trêves, mit l'Europe en feu pendant vingt-deux ans, versa le sang humain à flots et causa des plaies financières que quarante années de repos n'ont pas encore guéries. Le sujet, traité en trois lettres adressées à un pasteur, forme un petit volume[1] où abondent des faits curieux. L'auteur y montre la marche pour ainsi dire irrésistible des ruptures entre les états ; il nous fait assister à celle où figurèrent, comme agents principaux, lord Grenville d'une part, le marquis de Chauvelin de l'autre. La correspondance et jusqu'aux billets confidentiels sont cités en détail ; on peut juger, on peut conclure. La conclusion de M. Cobden est formelle ; il n'hésite pas à mettre les torts du côté de l'Angleterre, et pense qu'avec un peu plus de bonne foi et des façons plus conciliantes, cette guerre, qui allait durer

---

1   *1793 et 1853 in three letters*, 1 vol. in-8°.

jusqu'à épuisement, aurait pu être conjurée dès le début. Comment fut-on amené à rompre ? Par des degrés presque insensibles. Ce n'était d'abord que de l'esprit de dénigrement, quelques écarts de langage, plus marqués dans la presse, plus contenus à la tribune ; puis le ton s'aigrit, on s'accusa de griefs réciproques, on s'observa avec défiance ; les armements commencèrent et furent poussés avec vigueur, les notés diplomatiques s'envenimèrent, et cela au point qu'il fallut en venir à une déclaration d'hostilités. Les mésintelligences s'étaient engendrées les unes les autres ; une fois la série commencée, on alla fatalement jusqu'au bout. Tel est le souci de M. Cobden ; il voit dans le présent des symptômes dont le passé lui démontre la gravité, les récriminations, les armements ruineux, les notes blessantes, et il se dit qu'à persister on serait conduit au même dénouement. Cette conviction acquise, il n'a point hésité ; il s'est mis du côté de l'intérêt et de la justice contre des passions qui lui paraissaient irréfléchies.

Longtemps avant que la guerre ne sévît, il avait attaqué l'esprit de guerre. En 1849, il vint à Paris pour assister à un congrès de la paix qui se tint dans la salle Sainte-Cécile. Au milieu des phrases prétentieuses et vides qui s'y débitaient, il sut rester simple, naturel, et prononça en français deux discours qui avaient au moins l'avantage de conclure. L'un traitait du désarmement naval, et prouvait que ce duel de préparatifs qui dure toujours sans jamais se vider, et où chaque peuple cherche à prendre l'avance, est à la fois une duperie et une ruine. L'autre discours roulait sur les emprunts de guerre et proposait, pour les frapper d'impuissance, un moyen plus ingénieux que solide : c'était de s'en tenir systématiquement éloigné. Plus tard, à Londres, il revint sur son idée en l'appliquant à un emprunt autrichien qui s'y était ouvert ; il la reproduisit obstinément dans plusieurs réunions publiques, et pour tous les subsides qui avaient une prise d'armes pour objet. L'argent ne se montra point docile ; il continua à ne consulter que sa propre convenance et à chercher ailleurs que dans la politique le mérite et la règle de ses placements. M. Cobden en fut pour ses philippiques ; il ne se découragea point et porta devant le parlement la partie de ses plans qui était la plus susceptible d'y être accueillie. Il ne représentait plus un bourg, mais un comté. Pourvu d'un double siège, il avait, sur le conseil de ses amis, opté pour le West-Riding

Section IV.

du Yorkshire, l'une des plus vastes circonscriptions de l'Angleterre. Il parla dès lors avec d'autant plus d'autorité qu'il avait derrière lui un corps plus nombreux. Devant la chambre, réunie en comité de finances, il fit en 1851 la motion formelle d'ouvrir, entre la France et l'Angleterre, une négociation pour fixer, de part et d'autre, une limite aux armements. Il ajouta qu'on s'exagérait les difficultés de l'exécution, qu'il y aurait dans tous les cas profit à les discuter. Il indiqua, comme exemple, ce qui s'était passé, entre le Canada et les États-Unis, au sujet des lacs limitrophes, où le nombre des bâtiments et le partage des eaux avaient été réglés à l'avantage des deux peuples et sans inconvénient sensible dans l'application. Un autre exemple, survenu depuis lors, a montré la Russie et la Turquie limitant leurs forces et souscrivant à la neutralité d'une portion de leurs mers. Il dit enfin que cet arrangement, quel qu'il, fût, valait mieux que ce jeu puéril où les deux nations mettent leur argent et leur génie à se surveiller et à se tromper, et qu'ainsi seulement on ferait passer dans les actes une alliance qui jusqu'alors n'avait été que sur les lèvres.

La proposition échoua, on le devine, et il est aisé de s'expliquer cet échec. Une nation ne se lie pas ainsi les mains sans émousser sa force ni s'exposer à des surprises. Une difficulté déjà grande existe dans le point de départ. Limiter les armements, soit ; mais comment, dans quelle proportion ? L'Angleterre a la prétention d'avoir une marine supérieure d'un tiers aux marines européennes réunies. Est-ce une donnée admissible ? L'admît-on, il s'agirait encore de savoir sur quoi reposerait ce calcul. Serait-ce dans le nombre des navires, dans le nombre des canons, dans la puissance des machines ? Aucun de ces éléments ne fournit une certitude complète : pris à part, on n'en dégagerait pas la valeur exacte, l'unité appréciable, et, à les combiner, les embarras et les mécomptes seraient plus grands ; tout se réduirait certainement à des approximations où chacun chercherait à faire pencher la balance de son côté. Tombât-on d'accord, ce qui est douteux, il faudrait s'entendre sur un autre point. Cette marine ainsi limitée serait-elle une marine immobile ? Lui serait-il interdit d'appliquer à son matériel réglementaire des perfectionnements qui en accroîtraient la puissance ? Si elle reste libre d'agir, l'inégalité recommence, et le jeu des rivalités se représente sous une autre forme. Si on l'enchaîne, on n'a plus qu'un art naval stationnaire, voué au dépérissement et atteint dans sa dignité. Enfin où est la sanction d'un tel régime ? Le pacte conclu, encore faut-il savoir comment il sera observé. Un contrôle est donc nécessaire. Ce contrôle, comment l'exercer sans froissements, et, si on ne l'exerce pas, où sont les garanties ? Il ne reste que la bonne foi des parties contractantes. Évidemment ce n'est point assez : au premier soupçon, fondé ou injuste, les méfiances se réveilleraient, et la guerre naîtrait des précautions mêmes qu'on aurait prises pour l'éloigner.

Par ce détail, on peut voir quelle inexpérience apportaient les amis de la paix dans ces questions délicates et compliquées. L'intention était droite, honnête ; elle ne suffisait pas pour racheter le vide des moyens. Ils n'avaient plus là, comme pour les matières de commerce, l'autorité d'hommes du métier, ayant réponse à tout, allant au-devant des objections pour les écarter ou les résoudre. Leur point d'appui était dans une force d'emprunt, dans des généralités qui supportaient mal l'examen, dans des plans dont l'œil le moins exercé eût découvert les lacunes. Quel fonds faire sur de tels ballons d'essai ? Il n'en faut pas moins savoir gré à M. Cobden et à M. Bright du langage qu'ils ont tenu au sujet de la France dans toutes ces discussions. Ce n'était pas seulement le ton qui convient entra nations qui se respectent, c'était celui qui doit régner lorsqu'on vise à des rapports vraiment affectueux. Que le témoignage fût sincère ou qu'il fût seulement un artifice de plaidoirie, il n'en avait pas moins pour effet de rappeler un peuple hautain, enivré de lui-même, à de meilleures habitudes. Ce qu'ils en faisaient n'était pas sans péril ni dommage pour eux. Ils y engageaient leur crédit, leur popularité, leur position ; ils voyaient à leurs côtés le vide se faire et le délaissement commencer. Malgré tout, ils ne renoncèrent pas ; ils obéirent à leurs sentiments sans tenir compte des suites. En toute occasion, dans la chambre ou au dehors, ils prirent à cœur de calmer les esprits, d'aplanir les difficultés, de présenter les choses sous le meilleur jour, s'attachant surtout à combattre ce système de mauvais procédés qui entretient l'aigreur et rend la défiance incurable. Ils admettaient bien qu'il est des moments où, pour des motifs sérieux, l'animosité populaire peut et doit être réveillée ; ils niaient qu'il fût sage et utile d'en venir là sur le moindre prétexte et à tout propos. Ils trouvaient

Section IV.

indigne d'un peuple sensé d'avoir à la fois le défi à la bouche et l'arme au repos, de se répandre en bravades quand il n'était ni dans ses intérêts ni dans ses intentions d'en venir aux mains, et concluaient que la guerre, cette douloureuse nécessité, s'affronte et se poursuit avec d'autant plus de vigueur qu'on a la conscience plus libre au sujet des causes qui l'ont amenée. Pendant six ans, M. Cobden se dévoua à cette défense ingrate de la paix. Quelque part qu'elle fût menacée, on était sûr de le voir accourir ; il se fit le champion de la Russie comme il avait été le champion de la France. À la veille de la campagne de Crimée, il s'associa avec M. Bright pour la frapper d'un blâme formel, et n'en ménagea pas l'expression ; ils trouvaient l'un et l'autre l'entreprise inopportune, mineuse et pleine de mécomptes, même dans l'hypothèse d'un succès. Cette opposition ne cessa point quand les armées furent aux prises ; c'était dépasser la mesure et se condamner sans retour. L'opinion en Angleterre ne pouvait point hésiter là-dessus ; peu lui importait ce que coûterait la guerre, pourvu qu'elle se terminât glorieusement. M. Cobden et ses amis en furent pour leurs calculs et leurs remontrances. Engagés de nouveau, deux années plus tard, dans la discussion soulevée par la première querelle avec la Chine, les amis de la paix y eurent du moins l'appui d'un grand parti. Sur la motion de M. Cobden, les communes désapprouvèrent la conduite du commissaire anglais, et après ce vote lord Palmerston, qui avait défendu son agent, eut à choisir entre sa retraite et la dissolution de la chambre. Il préféra la dissolution ; l'opinion publique fut mise en demeure de se prononcer. Pour les partisans systématiques de la paix, la circonstance était critique ; ils venaient de se séparer des whigs, leurs alliés naturels. On était au printemps de 1857 ; depuis trois ans, les esprits étaient animés par le souffle de la guerre ; l'indifférence et la tiédeur passaient pour suspectes ; encore moins supportait-on une résistance à ce qui faisait battre d'orgueil le cœur du pays. Les élections eurent lieu sous cette impression. Au scrutin, MM. Cobden, Bright et Milner Gibson restèrent en minorité de voix. Le châtiment était rude, et il portait sur des noms auxquels on ne pouvait refuser ni la considération, ni l'éclat, ni le mérite des services.

Que devenait, pendant cette expérience malheureuse, l'idée plus juste et plus féconde à laquelle M. Cobden devait sa célébrité ? Pour en suivre la marche, il faut remonter de quelques années en arrière. À peine les réformes commerciales étaient-elles inscrites en germe dans la loi anglaise que M. Cobden eut de plus grandes ambitions pour elles ; il songea à les introduire dans les états du continent. Il ne lui suffisait plus d'avoir converti l'Angleterre, il voulait convertir l'Europe : entreprise difficile avec les préventions qui s'attachaient à son nom, et surtout prématurée tant que l'expérience insulaire n'aurait pas dit son dernier mot. S'y prendre de si bonne heure, n'était-ce pas prêter le flanc au soupçon et fournir aux défenseurs des tarifs un de ces arguments qui font leur chemin d'une manière d'autant plus sûre qu'ils sont moins sérieux ? Un Anglais prêchant le libre-échange, quel piège ! Évidemment on n'avait pris l'avance au-delà du détroit que pour nous entraîner ; la manœuvre se démasquait d'elle-même. Comment supposer qu'un peuple si préoccupé de ses intérêts donnât aux autres un conseil qui ne fût pas entaché d'un sentiment d'égoïsme ? Que pouvait-il nous venir de là, si ce n'est la ruine de nos manufactures, de nos forges, de nos propriétés minérales et forestières ? Plus que jamais il fallait se tenir sur ses gardes et repousser l'épidémie par un cordon sanitaire de plus en plus impénétrable. Ainsi, par un renversement d'idées, la présence du chef de la ligue allait contre son but, et créait plus d'embarras qu'elle n'apportait de force au petit nombre d'hommes qui, en France surtout, s'étaient dévoués à la défense de la liberté commerciale. M. Cobden ne s'arrêta point, et il fit bien, devant les commentaires malveillants. C'était de son plein gré et avec un complet désintéressement qu'il voulait répandre des principes dont la vertu lui était démontrée, et qu'il croyait bons pour tous les pays, quelle que fût la condition de leurs industries. Échouât-il dans ce dessein, il aurait au moins l'avantage de se mettre en rapport avec ceux qui partageaient ses idées. Il quitta l'Angleterre dans les derniers mois de 1846.

Paris fut naturellement sa première étape ; il y trouva un groupe d'amis qui s'y essayaient à l'agitation avec plus d'ardeur que de fruit. On le fêta en famille. Des économistes, des hommes politiques, lui donnèrent un banquet où il eut l'occasion de montrer ce qu'il y a chez lui de rares et solides mérites. Dans un discours d'un français très pur, et auquel l'accent ajoutait une saveur particulière, il résuma les travaux de la ligue, les objections qui lui avaient été faites, et les réponses à ces objections. Les convives restèrent charmés du ton simple et modeste, de la grâce et de l'aisance de l'orateur. À Bordeaux, où il se rendit ensuite, sur cette terre des grands crus, le voyageur ne pouvait éluder un sujet que, par calcul ou par réticence, la réforme anglaise n'avait pas encore compris dans ses affranchissements. Il s'en tira d'une manière plus spirituelle que concluante. Rendant justice au mérite des vins qu'il avait goûtés, il ajouta qu'il ne connaissait pas de remède plus sûr contre la manie du porto, et que le triomphe du claret, s'il était ajourné, n'en serait pas moins certain. Après un court séjour aux Pyrénées, M. Cobden passa en Espagne. J'ai sous les yeux des notes sur ce voyage, qui fut une succession de banquets, d'adresses et de diplômes. Les sociétés savantes tinrent à honneur de l'avoir pour membre ou pour associé. Il visita Barcelone, Malaga, Valence, Xérès, Séville, recueillant des adhésions et emportant des promesses. À Madrid, le banquet qu'on lui donna était présidé par l'un des vétérans de la science économique, Florès Estrada. Mêmes démonstrations en Italie, où il arriva au printemps de 1847. La doctrine y avait des foyers consacrés parla tradition et entretenus par l'étude ; l'héritage des Verri et des Galiani n'était pas resté vacant. À Turin, à Bologne, à Florence, à Rome, à Naples, on le harangua dans cette langue italienne qui prête si bien à l'emphase. Dans les deux péninsules, M. Cobden laissait plus que des amis, il laissait des écoles florissantes, qu'il avait animées par sa présence et fortifiées par ses conseils.

Au fond pourtant, il y avait là plus de satisfactions personnelles que de conquêtes pour ses idées. En Angleterre, M. Cobden ne se fût pas contenté de l'apparat ; il n'aurait pas cru qu'il suffît de traverser son pays pour le soumettre ; il apportait là dans son entreprise tout ce qu'il fallait y apporter pour obtenir des résultats sérieux : la connaissance de la langue et des hommes, l'étude du terrain, la patience et le temps nécessaires, l'argent aussi, ce nerf de toute guerre. Il faut donc voir dans cette promenade du chef de la ligue à travers le continent moins un effort caractérisé qu'un délassement après de longs travaux. À sa rentrée en Angleterre, il pouvait dire aux voyageurs de profession qu'il avait fait son tour de France, d'Espagne et d'Italie, avec des honneurs et un cortège qu'aucun d'eux, si opulent qu'il fût, n'eût obtenus même à grands frais. Dans cette limité, l'ambition de M. Cobden n'avait rien d'excessif ; elle aurait eu ce caractère, s'il avait cru que quelques mots semés au passage auraient la vertu de gagner les populations et d'amener les intérêts à résipiscence. Les intérêts ne désarment pas ainsi ; ils sont d'une nature opiniâtre, et ils le prouvent chaque jour. Quand on les tient pour vaincus, ils se redressent avec l'énergie du désespoir ; même à terre, ils luttent encore. Quelle action M. Cobden aurait-il pu exercer sur eux ? Les sentiments, la langue, tout différait. Son influence ne s'étendait pas dès lors au-delà du cercle d'esprits déjà convaincus qui s'étaient formés sans lui où avant lui, et qui s'associaient à ses victoires comme à un triomphe commun. Après comme avant sa visite, les économistes du continent restaient aux prises avec des intérêts irrités, ombrageux et intraitables ; la réforme anglaise, loin de dompter ces intérêts, n'avait fait que les aigrir.

De retour à Manchester, il y reprit le cours de ses occupations positives. Quoique le pouvoir eût changé de mains, la liberté commerciale n'était pas menacée ; elle gagnait au contraire du terrain : les tarifs étaient de plus en plus extirpés, les privilèges de navigation allaient disparaître. Ce fut à la réforme électorale qu'il s'attacha. À Leeds, à Wakefield, centres du comté qui l'avait nommé, il revint à diverses reprises, devant des réunions imposantes, sur le travail des listes et l'utilité qu'il y avait à inscrire le plus possible d'électeurs à 40 shillings. En attendant que la loi fournît d'autres armes, il ne fallait pas négliger celles qu'elle mettait à la disposition des hommes vigilants. L'avis fut écouté, et pendant plusieurs années l'enregistrement électoral fut mené avec zèle et surveillé avec soin. On préparait ainsi les éléments d'une réforme plus complète, qui des vieux bourgs devait faire passer la prépondérance dans les centres populeux. Quant aux limites de cette réforme, il ne semble pas qu'elles aient été dès lors fixées parmi les membres de l'ancienne ligue. Le vote secret, l'extension du suffrage, semblent être les seuls termes sur lesquels on fût d'accord ; en allant plus loin, on eût craint de se confondre avec les radicaux et les chartistes, et d'aboutir aux déceptions du suffrage universel. Ces travaux, commencés en 1849, conduisirent M. Cobden jusqu'à l'époque où il perdit complètement sa voie et se vit abandonné par ses commettants. Destitué par le scrutin, il supporta dignement son échec, et, malgré les instances qu'on lui fit, il se refusa à d'autres candidatures dont les chances étaient certaines. Des affaires de famille, le soin de sa santé, contribuaient à l'éloigner de la vie publique ; le goût du repos, après tant d'agitations, lui était venu. Il était sincère en cela ; il n'y mettait ni calcul, ni fausse coquetterie. Pour supporter la lutte et en affronter les émotions, il lui fallait la conscience des services qu'il pourrait rendre. Moins écouté, il se sentait affranchi et disposait librement de lui-même.

Pendant deux ans, il garda un silence absolu et s'effaça complètement. Au printemps de 1859, des intérêts particuliers l'appelèrent aux États-Unis ; il n'y sortit pas de sa réserve. À deux titres, il se trouvait là sur son véritable terrain : comme champion de la liberté commerciale, comme ami de la paix. Aucun pays ne se prête davantage aux ovations, et pour les voir se multiplier, il eût suffi d'y consentir. M. Cobden résista ; il n'accepta que les témoignages qu'il ne pouvait empêcher et ceux qui avaient un caractère privé. À Washington, il fut l'hôte du président de la république, et reçut du congrès un vote de compliments accompagné des discours les plus courtois. Dans les villes où il séjourna, il rencontra le même accueil sans distinction de partis ni de classes. Pendant ce temps, l'Angleterre lui ménageait une surprise des plus flatteuses. Cette réparation dont il n'avait pas voulu quand il était sur les lieux, absent et à son insu, on la lui imposa, et si complète qu'elle dut effacer tout souvenir amer, s'il en eût gardé. Le bourg de Rochdale l'avait élu au parlement, et lord Palmerston lui réservait une place dans le nouveau cabinet, celle de président du bureau du commerce. C'est à Liverpool seulement et à son retour que M. Cobden apprit les deux nouvelles. Ses amis, venus des comtés voisins, l'attendaient sur le môle pour le féliciter ; trois députations et quatre adresses occupaient le second rang avec l'appareil ordinaire. Bien qu'après onze jours de mer, pendant lesquels il n'avait vécu que de sorbets, il fût exténué de fatigue et eût préféré le repos à toute espèce d'ovation, il n'en reçut pas moins les députations et les adresses, répondant à chacune avec une liberté d'esprit et un enjouement qui n'avaient rien d'un malade. Il parla, dit un journal anglais, en enfant terrible, et laissa prévoir ses dispositions au sujet des offres du premier ministre. Sans se lier les mains et en répétant qu'il s'ouvrirait d'abord à qui de droit, il maintint ses anciennes opinions sur la paix, sur les taxes indirectes, sur la liberté du commerce. C'étaient autant d'incompatibilités. Quelle figure eût-il faite auprès de lord Palmerston avec des convictions aussi absolues, aussi inflexibles ? Gêné lui-même, il eût été pour ses collègues un embarras ; à la première occasion délicate, il se fût retiré de son propre mouvement, ou eût été jeté à la mer comme un hôte dangereux. Il ne voulut pas s'exposer à cette alternative : son premier et son dernier mot furent un refus.

Section V.

Il n'en sut pas moins de gré au cabinet d'une offre qui aurait pu être une charge et qui restait un honneur. Dans des conditions plus libres, il ne renonça point à l'appuyer et à le servir. L'occasion s'en présenta bientôt. Sa santé ne lui permettait plus d'habiter l'Angleterre pendant l'hiver ; il fallait à sa poitrine un air plus doux et une température plus égale. Dès les premiers jours d'octobre 1859, il passa en France. Ceux qui l'ont vu alors savent que le hasard est pour beaucoup dans l'événement qui a marqué son séjour. Il ne venait à Paris que pour rejoindre ses enfants, qui y achevaient leur éducation. Un entretien avec le chancelier de l'échiquier, M. Gladstone, était le seul élément qu'il eût emporté de Londres ; il n'avait ni mission précise, ni caractère officiel. Ce fut librement, sur sa propre inspiration et sous sa responsabilité seule, qu'il fit les premières démarches pour un rapprochement de l'Angleterre et de la France sur le terrain commercial. Dévoué à ses idées, il ne résistait pas au désir de les introduire partout où elles étaient méconnues. Le besoin d'agir, de paraître, qui avait sommeillé pendant trois ans, s'était réveillé chez lui. Il vit ses amis, sonda le terrain, avec peu d'espoir d'abord, puis avec plus de confiance. Dès le début, il comprit où était le véritable levier, et, écartant les scrupules, il y eut recours en homme qui tient moins à la forme qu'au fond. L'agitation en France ne pouvait pas avoir un caractère libre et populaire ; c'est dans les sommets du gouvernement que M. Cobden la transporta. Il lui était réservé de réussir deux fois au prix des plus manifestes contrastes. La pensée d'un traité de commerce entre les deux nations avait été souvent mise en avant, puis abandonnée ; on la reprit dans l'intention de la faire aboutir. Sur ce point, les institutions en vigueur sont sobres de formalités ; les traités de commerce restent pour la France en dehors des délibérations ordinaires et entrent dans les attributs de la souveraineté. Il s'agissait de convaincre quelques hommes dont les conseils avaient du crédit, et qui avaient qualité pour les faire entendre. Pendant six semaines, M. Cobden s'en occupa ; le terrain était plus facile, mieux préparé qu'il ne l'imaginait. Dès ce moment, l'affaire prit un autre tour ; des énonciations précises remplacèrent les termes assez vagues dans lesquels on s'était d'abord renfermé. Les points de détail furent débattus, réglés, sans qu'il s'élevât de difficulté sérieuse ; des deux côtés, le désir de conclure dominait les négociations. L'Angleterre abolissait, sauf deux ou trois réserves, tous les droits sur les- objets manufacturés ; elle réduisait dans une large proportion les droits sur les eaux-de-vie et les vins ; sur quelques autres articles, elle ne maintenait que des taxes d'équilibre correspondant à des taxes intérieures. Toutes ces concessions, à part un petit nombre, étaient immédiates. La France, à diverses dates, supprimait la prohibition pour la remplacer par des droits dont le maximum serait de 30 pour 100 de la valeur, abaissés à 25 pour 100 à une époque déterminée ; elle réduisait en outre les droits sur la houille et le coke, la fonte, les fers et les aciers, les outils et les machines, les fils et les étoffes de lin et de chanvre. Telles étaient les conditions principales sur lesquelles l'accord s'était établi. Alors, mais seulement alors, la mission de M. Cobden changea de nature. De négociateur il devint plénipotentiaire, et mit sa signature au bas du traité. Peut-être n'était-il pas le moins étonné d'avoir si bien réussi.

Ce traité a été vivement attaqué des deux côtés du détroit. On lui a reproché de n'être pas assez étudié, de violer les principes, d'être onéreux aux deux parties. Un mot suffit pour le défendre : il est ce qu'il pouvait être, rien de plus, rien de moins. S'il blesse profondément les favoris du privilège, il ne donne pas aux amis de la liberté une satisfaction sans mélange. Pour les uns il va au-delà, pour les autres il reste en-deçà d'un arrangement vraiment profitable aux intérêts du pays ; puis une condition essentielle lui manque, c'est le débat libre. Il faudrait pourtant se mettre d'accord sur les torts qu'on impute à ce pacte. En France, on l'accuse d'avoir été fait au profit de l'Angleterre, en Angleterre d'avoir été fait au profit de la France. Où est la vérité ? Pour les hommes de bonne foi, il est démontré que là où l'Angleterre donne un gage sérieux, la France ne donne qu'une promesse en bien des points illusoire. Dans dix-huit mois d'ici, un mot, la prohibition, aura disparu des tarifs ; mais si les droits sont portés au maximum du traité, la chose restera. L'interdit sera le même, l'écart est trop grand pour qu'une concurrence s'établisse. Pourquoi donc la manufacture jette-t-elle de si hauts cris ? On ne ferait que lui donner la sécurité sous une autre forme. Se sentirait-elle plus directement menacée ? comment ? dans quelle mesure ? On ne le sait. Là est le vide, le défaut du traité ; il est une lettre morte jusqu'à l'interprétation ; il est un cadre, reste à savoir comment on le remplira ; il garde jusqu'au bout son allure arbitraire. Les hommes qui n'aiment pas le bruit pour rien n'ont qu'à attendre et à se réserver. Quand le traité sera un traité, quand il aura une consistance, un corps, des clauses déterminées, il sera temps de juger ce qu'il est, où il va et quels effets il doit produire.

M. Cobden n'a pas été épargné dans les attaques dont le traité de commerce a été l'objet ; comme le traité lui-même, il a essuyé un double feu. En France on en a fait un agent secret de l'Angleterre, en Angleterre un complice de la France ; suivant le besoin, il a été taxé ici de subtilité, là d'ignorance. Des deux parts on se prétend blessé, et c'est contre lui qu'on se retourne. Que le traité n'ait point été assez étudié, c'était inévitable avec la hâte qu'on y a mise. M. Cobden tenait surtout au principe ; il a négligé quelques points de détail. Or les hommes préoccupés du détail sont aussi nombreux en Angleterre qu'en France, aussi ombrageux, aussi jaloux de leurs droits. Le chef de la ligue avait à leurs yeux un tort irrémissible : en simplifiant les tarifs, il supprimait les emplois : de là des colères qui ont trouvé cette occasion pour éclater. Il ne faut voir là-dedans qu'une querelle de bureaux. Quand notre armée de fonctionnaires sera menacée par une réforme sérieuse, elle n'aura ni plus de résignation ni plus de philosophie. On peut regretter néanmoins que M. Cobden ne se soit pas effacé de lui-même, quand il a vu que les choses marchaient toutes seules et relevaient d'une influence prépondérante. Il aurait laissé à d'autres le soin d'achever, à titre accrédité, ce qu'il avait commencé un peu à l'aventure et de son propre mouvement : son nom n'y eût rien perdu, et l'acte y eût peut-être gagné. Pour la France, c'eût été un épouvantail de

Section V.

moins, épouvantail ridicule, mais réel ; pour l'Angleterre, c'était un sacrifice à l'étiquette, sacrifice utile dans un pays où on ne viole pas impunément les formes. Il eût été moins exposé, moins attaqué ; il est vrai qu'il y eût perdu l'avantage d'être noblement défendu par M. Gladstone. « Quant à M. Cobden, a dit le chancelier de l'échiquier, parlant dans un temps où toutes les colères sont éteintes, je ne puis m'empêcher de lui exprimer mon obligation des peines qu'il a prises et des sacrifices personnels qu'il a faits pour assurer le succès d'une mesure qu'il considère, lui si bon juge, comme l'un des plus grands triomphes de la liberté commerciale. C'est un grand bonheur pour un homme qu'ayant, il y a quinze ans, rendu à l'Angleterre un service signalé, il ait eu cette heureuse fortune de pouvoir rendre de nouveau et dans la même cause un service équivalent à son pays, qui, je l'espère, ne se montrera point ingrat. » La réponse à cette dernière phrase ne s'est pas fait attendre ; un mois après, la Cité de Londres accordait à M. Cobden le droit de bourgeoisie.

Vingt années de la vie de M. Cobden, les dix premières surtout, ont été un duel acharné contre des institutions vivement défendues. On l'a vu, en huit jours, parcourir cinq cents lieues et parler dans six réunions différentes, en prenant à peine quelques heures de sommeil. Sa volonté dominait ces fatigues où de plus vigoureux eussent succombé. Si le corps paraît frêle, l'esprit est indomptable. Volontiers M. Cobden garde le silence et se tient au repos ; mais vienne le moment d'agir, rien ne l'arrête. Il recommence alors sa lutte obstinée jusqu'à épuisement des forces. Son visage pensif semble réfléchir un travail intérieur ; il ne s'anime que sur les sujets qui le touchent. S'il a de l'ambition, elle se déguise sous une modestie naturelle et une simplicité de manières qui ne sont pas sans charme. On voit un homme qui se contient ; rien du tribun populaire, comme on se le figure sur ce mot. Ce calme et cette réserve ont désarmé bien des préventions. Quand il entra aux communes, son nom ne se séparait pas des vivacités de langage qui accompagnent les luttes extérieures. Peu à peu, par sa modération, il a gagné ceux qui l'ont mieux connu et ramené les autres à des sentiments moins hostiles. Il n'est plus au parlement comme un homme qui en a forcé les portes ; il est de la maison, et on compte avec lui. A-t-il pour cela l'étoffe d'un homme politique ? Il s'en défend, et il a raison. Un homme vraiment politique se classe mieux et d'une manière plus nette que M. Cobden ne l'a fait. Il est des choses auxquelles il se résigne, d'autres dont il sait se défendre. Même en vue d'un succès, il n'accepterait pas certains compromis, il ne prendrait point de toute main ce qui flatte ses idées favorites. Pour l'homme politique, il y a plus que des devoirs de conscience, il y a des devoirs de parti ; il y a aussi cet esprit de discipline qui crée les liens, réprime les écarts et constitue la force. Comme l'armée, la politique a ses cadres : rester en dehors, ne relever que de soi, est un moyen de se mettre mieux en vue, mais on y perd les bénéfices de la règle en courant les risques de l'isolement.

Il est vrai que, si M. Cobden n'est pas d'un parti, il est d'une école avec M. Bright et M. Milner Gibson. Que veut cette école ? où va-t-elle ? que se propose-t-elle ? Il serait difficile de le dire au milieu des contradictions qui s'y montrent. Elle a tout à la fois des appétits effrénés de liberté et de singulières faiblesses pour le despotisme. Ces mélanges adultères répugnent à des esprits sincèrement libéraux. Il faut qu'une école, puisque école il y a, sache se respecter elle-même si elle veut être respectée, qu'elle se garde des mauvaises alliances, ne frappe pas à tort et à travers, au gré du caprice ou d'on ne saurait dire quel intérêt du moment ; il faut surtout qu'elle distingue nettement ses amis et ses ennemis, qu'elle s'appuie sur les uns et rompe avec les autres. On n'est un parti et même une école qu'à ce prix. Au fond, chez les hommes de Manchester, le sentiment est démocratique ; c'est dans l'excès de ce sentiment qu'ils puisent leur haine pour une liberté relative, et leurs condescendances pour le despotisme s'expliqueraient par un penchant secret pour le despotisme de la multitude. Ils devraient pourtant en être guéris par le souvenir des épreuves qu'ils ont traversées, quand le chartisme grondait à leurs portes avec ses violences contre les personnes et ses attentats contre les propriétés. Voudraient-ils se confondre aujourd'hui avec Feargus O'Connor et ses bandes ? Non, ils s'en défendent, et on doit les croire. Dans la chambre, hors de la chambre, ils se séparent ouvertement des radicaux ; mais s'ils ne sont ni radicaux, ni chartistes, ni whigs, ni tories, que sont-ils ? Se réservent-ils d'Être un peu avec tout le monde, un peu contre tout le monde, suivant les cas, les besoins, les inspirations de leur fantaisie ou de leur vanité ? Ce serait une gageure qu'ils ne pourraient pas pousser bien loin. Quelque art qu'ait mis M. Bright à s'emparer de ces riches et laborieuses populations du comté de Lancastre, qu'il alarme ou excite à son gré en leur montrant tantôt la guerre à leurs portes avec la clôture des mers, tantôt la noblesse les insultant du haut de ses bourgs-pourris, il arrivera un jour où, lasses d'être ballottées de la cupidité à l'envie, elles lui demanderont ce qu'il est, où il va, ce qu'il entend faire, où il prétend les conduire. Il faudra s'expliquer alors et trouver autre chose que des terreurs à froid et des déclamations sans consistance.

Comme économiste, M. Richard Cobden n'a rien dit, rien écrit qui ressemble à un corps de doctrines. Il a été conduit à la science par l'observation plutôt que par la réflexion, et par les faits plus que par l'étude. Cette méthode n'est pas la moins sûre : elle peut laisser quelques points dans l'ombre, elle n'égare jamais. De quelques principes bien éprouvés, le chef de la ligue tirait avec discernement toutes les conséquences dont ils étaient susceptibles. On peut le voir à ses discours : rarement il y cite les maîtres de la science, encore moins s'y livre-t-il à des controverses. Il se contente de ce qu'il y a de plus élémentaire, de ce qui est à la portée de tous ses auditeurs, et l'applique vigoureusement à la défense de sa cause. Rien d'obscur d'ailleurs ni de tendu, pas même l'ombre d'une subtilité. Le sujet y eût cependant prêté : il s'agissait de la loi des grains et de la rente du sol ; n'était-ce pas le cas de s'appuyer sur la théorie de Ricardo ? Il ne la mentionne même pas ; il sent qu'elle est un embarras plutôt qu'une force. La notion de la rente, comme on l'appelle, le touchait moins que ses effets, et il aimait mieux combattre la rente dans ses abus que la définir dans ses origines. Quand la doctrine se montre chez lui, elle ne laisse dans l'esprit ni trouble ni confusion ; elle est d'une clarté qui frappe, elle va droit au but. Ce n'est donc pas comme savant qu'il a rendu à l'économie politique des services que l'on ne saurait méconnaître : c'est plutôt comme metteur en œuvre et praticien. Avec une idée simple et juste, obstinément reproduite et sous les formes les plus variées, il a fait, en sept ans, gagner à la science plus de terrain qu'elle n'en avait, par ses seules forces, gagné pendant un demi-siècle. Adam Smith avait répandu la semence, d'autres ensuite l'avaient vue lever ; M. Cobden a eu les honneurs de la moisson.

En résumé, il y a dans la vie de M. Cobden trois périodes que, pour le bien juger, il ne faut pas confondre. Dans la première, il est l'agitateur purement anglais, sortant de sa fabrique pour annoncer à ses compatriotes que l'heure de la liberté commerciale est venue, et qu'au prix de tous les sacrifices de temps, d'argent, de paroles, il faut qu'elle devienne la loi du pays. On a vu ce qu'il lui en a coûté pour cela, et quelle somme d'efforts il a dépensée. Si la résistance est opiniâtre, l'attaque ne l'est pas moins. De part et d'autre, toutes les forces, toutes les énergies se produisent ; l'opinion se forme, s'éclaire, et le champ du combat reste à ceux qui ont pour eux la vérité, la justice et le nombre. Devant cet arrêt, les vaincus se résignent, et par une modération plus grande les vainqueurs désarment. On arrive au but, on ne le dépasse pas. Ainsi se passent les choses dans une société qui dispose d'elle-même. C'est le beau moment de M. Richard Cobden, son titre réel, une victoire qui l'honore. Il s'en enivre et veut aller plus loin, imposer à l'Europe ce que dans son pays il a conquis pied à pied. Ici commencent les illusions, mêlées d'un peu d'orgueil : c'est la seconde période ; il est impossible de la prendre bien au sérieux. Pour l'enseignement des autres peuples, il fallait s'en remettre au spectacle de l'expérience anglaise et à l'impression lente, mais solide, qu'elle laisserait dans les esprits. Les missions libres ou autorisées étaient de trop. Enfin la troisième période est celle où M. Cobden, à ses risques et périls, se fait l'avocat systématique et absolu de la paix. De ce thème, il n'y a rien à dire, si ce n'est qu'il est épuisé, et que le reprendre, c'est montrer beaucoup de candeur. Toutefois ce qui est plus nouveau et moins acceptable, c'est le langage que tiennent quelques hommes de l'école de Manchester, M. Bright entre autres, pour assurer, coûte que coûte, l'effet de leurs opinions ; ce sont les moyens dont ils s'appuient pour comprimer ce qu'il y a dans l'homme de plus généreux et de plus viril, le point d'honneur par exemple, qui est la meilleure garantie de la dignité d'un peuple ; c'est la manière dont ils fouillent dans les cœurs pour y réveiller ce qu'ils renferment d'instincts et de sentiments inférieurs. Il y a là une atteinte portée à la moralité publique, contre laquelle on ne saurait protester par des paroles trop sévères. Ces appels constants à l'intérêt, à l'intérêt seul, à un intérêt étroit, égoïste, exclusif, sont du plus détestable exemple, et, s'ils étaient écoutés, ils aboutiraient infailliblement à l'abaissement des caractères et à la décadence des institutions.

Section V.

ISBN : 978-1545489970

www.ingramcontent.com/pod-product-compliance
Lightning Source LLC
Chambersburg PA
CBHW062112280526
45788CB00003B/1447